열 살에 시작하는
데일 카네기 인간관계론

휘둘리지 않고 똑똑하게 친구를 내 편으로 만드는 방법

열 살에 시작하는 데일 카네기 인간관계론

데일 카네기 원저 | 박소윤·이주희 글 | 차상미 그림

지성주니어

머리말

혹시 지금 마음에 걸려서 계속 생각나는 친구가 있나요? 단짝 친구에게 불편한 점을 이야기하고 싶은데 사이가 멀어질까 봐 망설이고 있지는 않나요? 또는 누구에게나 인기가 많은 사람이 되고 싶나요? 안심하세요. 관계에 대한 고민은 여러분만 하는 게 아니에요.

  어른이 되어서도 관계는 여전히 어렵답니다. 사람은 원래 자기중심적으로 생각하는 존재이기 때문이죠. 아무리 이치에 맞는 말이라도 듣기 싫을 때가 많은 법이고요. 때문에 항상 나의 말이 친구의 귀에 어떻게 들릴지를 생각해 봐야 해요. 물론 많은 연습이 필요하답니다. 사람의 마음은 생김새만큼이나 모두가 다르고, 마음은 눈에 보이지도 않거든요.

　돈으로도 살 수 없는 것이 사람의 마음이에요. 만약 어떤 상황에서도 친구의 마음을 사로잡는 비법을 알고 있다면 얼마나 좋을까요?

　이렇게 어려운 관계에 명쾌한 해답을 준 사람이 있어요. 여러분이 태어나기 100년 전인 1912년부터 다른 사람과 잘 지내는 법을 연구하고 가르쳐온 사람이에요.

　바로 '데일 카네기' 할아버지랍니다. 당시 세일즈맨을 비롯한 직장인들과 부부, 학생 등 수많은 사람이 카네기 할아버지의 가르침에 열광했어요. 친구를 만들고 사람을 설득하는 법을 알려 주는 강연은 소수의 인원으로 시작했지만 입소문을 타고 선풍적인 인기를 끌게 되었죠. 그래서 데일 카네기 할아버지는 많은 사람들 앞에서 강연했던 내용의 핵심을 담아 1936년에 『데일 카네기 인간관계론』이라는 책을 펴냈어요.

　그 이후 지금까지도 데일 카네기 할아버지의 책은 전 세계 사람들에게 널리 사랑받고 있어요. 지역과 시대를 막론하고 그 책이 오랫동안 읽혀 오고 있는 이유는 그만큼 많은 사람이 공감하는 진리를 담았기 때문이랍니다.

데일 카네기 할아버지는 다른 사람과 원만히 지낼 수 있다면 인생의 성공도 더 쉽게 이루어질 것이라고 했어요. 머리가 좋고 지식이 많은 것은 성공에 15퍼센트 정도 영향을 미친대요. 하지만 많은 사람을 내 편으로 만드는 능력, 여러 사람을 이끌 수 있는 능력은 무려 85퍼센트 이상으로 성공에 영향을 미친다고 해요.

과연 카네기 할아버지가 말씀하셨던 다른 사람과 원만히 지내는 비법은 무엇일까요? 어떻게 하면 친구들이 나에게 호감을 갖도록 만들 수 있을까요? 어떻게 하면 친구의 기분을 상하지 않게 하면서 마음을 움직일 수 있을까요?

이 책은 『데일 카네기 인간관계론』을 초등학생인 여러분이 이해하기 쉽게 고쳐 쓴 글이에요. 데일 카네기 할아버지의 원작은 어른들의 사례가 많고 이해하기 어려운 문장이 있어서, 여러분이 친구 관계에 도움을 받을 수 있게 상황별 설명을 덧붙이며 재미있게 바꿔 썼어요. 또 여러분이 친구 관계에서 자주 겪는 문제 상황과 그에 따른 해결책, 친구 사이 구체적인 대화 방법도 실어 놓았어요.

이 책을 한 번만 읽고 끝내지 말길 바라요. 친구 관계와 대화법에는 꾸준한 연습이 필요하거든요. 자전거를 배울 때에도 여러 번 타 봐야 몸에 익는 것처럼 말이죠. 연습하지 않으면 다시 내가 해 왔던 방식대로 말하고 행동하게 될지도 몰라요.

  무례한 친구를 대할 때, 친구가 내 마음과 같지 않을 때, 인기 있는 친구가 되고 싶을 때 등 친구 관계로 답답하고 궁금증이 생길 때마다 들춰 보면서 길을 찾았으면 해요.

박소윤, 이주희 선생님

이 책을 재미있게 읽는 방법

1 『데일 카네기 인간관계론』에 나오는 내용을 카네기 할아버지가 쉽게 설명해 줘요.

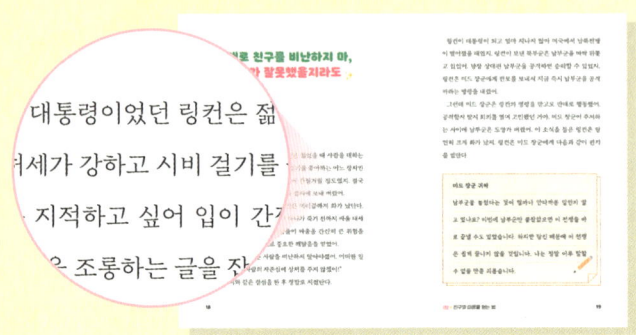

➡ 카네기 할아버지가 직접 경험한 일이나 성공한 인물들이 겪은 일화를 먼저 읽어요. 친구 사이에 꼭 지켜야 하는 규칙을 자연스럽게 알게 될 거예요.

2 〈카네기 할아버지의 조언〉에서는 친구 관계에 대한 할아버지의 현실적이고 실용적인 가르침을 들을 수 있어요.

➡ 미처 이해하지 못한 부분이 있다면 어린이와 카네기 할아버지가 나누는 대화를 읽어 보세요. 여러분이 했을 법한 질문을 어린이가 대신하고 카네기 할아버지가 답을 해 주면서 핵심을 명쾌하게 정리해요.

❸ "어떻게 말해야 할까?" 실제로 친구 사이에 사용할 수 있는 똑똑한 말하기 방법을 배워요.

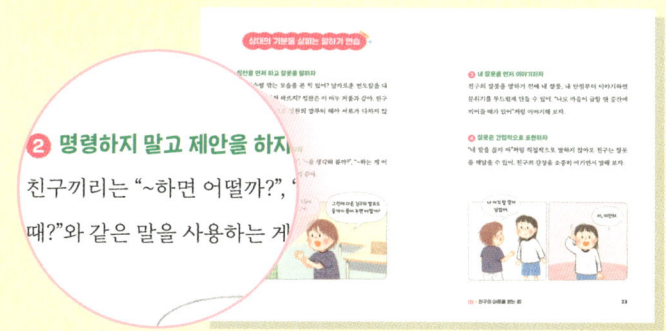

➡ 나를 지키고, 친구 관계도 똑똑하게 이끌어 가는 대화법을 연습해 보세요. 카네기 할아버지의 가르침을 실제 상황에 적용해 보는 코너예요.

❹ 재미가 두 배로 커지는 〈여기서 잠깐, 퀴즈〉를 읽어 보세요.

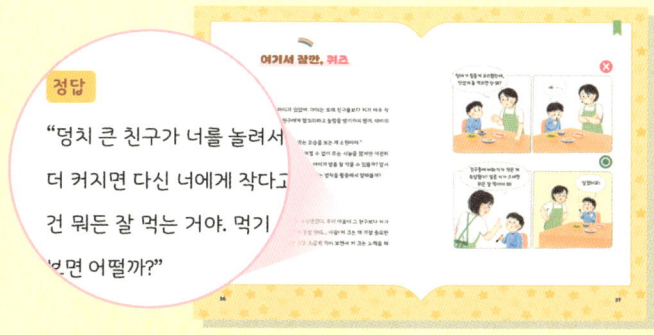

➡ 중간중간 〈여기서 잠깐, 퀴즈〉를 보며 머리를 식히고 잠시 쉬어 가세요. 재미있는 퀴즈의 정답을 맞혀 보세요.

이 책을 잘 활용하기 위한 약속

1 많은 친구들이 나를 좋아하는 상황을 상상해 보세요. 나의 하루하루는 지금과 달리 어떤 모습으로 변할지, 나의 표정은 어떻게 바뀔지 생생하게 떠올려 보세요.

2 처음에는 각 장을 빠르게 읽어요. 그러고 난 뒤 다시 각 장의 첫 부분으로 돌아가서 꼼꼼히 생각하면서 읽어요.

3 다시 읽을 때에는 나라면 어떻게 했을지 멈춰서 생각하세요. 어떤 상황에서 카네기 할아버지의 말을 적용할 수 있을지 스스로 물어 보세요.

4 중요한 부분에 밑줄을 치며 읽어요. 빨간색이나 파란색 색연필, 볼펜, 형광펜, 연필 다 좋아요. 이렇게 해 두면 나중에 다시 볼 때 훨씬 빠르게 답을 찾을 수 있어요.

5 다 읽은 후에는 책장이나 책상의 잘 보이는 곳에 두고 틈틈이 반복해서 읽어요.

6 새로운 습관을 만드는 데는 노력과 시간이 필요한 법이에요. 이 책의 내용을 실천할 기회가 있을 때마다 시도해 보고 완전히 몸에 익혀 보세요.

7 책에서 알려 주는 방법을 잘 지켰을 때는 스티커 붙이기, 칭찬 도장, 특별한 놀이 시간 같은 보상을 부모님과 정해서 모아 보세요. 게임처럼 재미있게 연습하다 보면 어느새 좋은 습관이 자연스럽게 만들어질 거예요.

8 내가 어떻게 달라졌는지, 그동안 어떤 실수를 저질렀는지 생각해 보세요. 지난 나의 말과 행동으로 인해 어떤 느낌을 받았는지도 나와 가까운 사람에게 질문해 보세요.

9 이 책에서 배운 내용을 언제 어떻게 활용했는지 이름, 날짜, 결과를 구체적으로 적어서 일기로 남겨 보세요.

차례

머리말 ◆ 6

1장
친구의 마음을 얻는 법
친구 관계에서 꼭 지켜야 할 3가지 원칙

절대로 친구를 비난하지 마, 친구가 잘못했을지라도 ◆ 18
친구의 존재를 인정하고 칭찬하자 ◆ 24
친구가 스스로 하고 싶은 마음이 들게 만들어 봐 ◆ 30

2장
친구들이 나를 좋아하게 만드는 법
딱히 이유를 모르겠는데 인기 많은 친구의 비밀

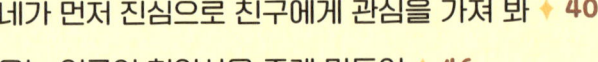

네가 먼저 진심으로 친구에게 관심을 가져 봐 ◆ 40
웃는 얼굴이 첫인상을 좋게 만들어 ◆ 46
친구의 이름을 불러 주자 ◆ 52
친구의 이야기를 끝까지 들어 주자 ◆ 58
친구의 관심사로 먼저 말을 걸어 봐 ◆ 66
언제나 친구를 중요한 사람으로 대해 봐 ◆ 72

3장
친구를 내 편으로 만드는 법
기분 나쁘지 않게, 내 말에 동의하게 만들기

말싸움은 하지 않는 게 좋아 ✦ 82

직접적으로 틀렸다고 하면 안 돼 ✦ 88

잘못은 빠르게 인정하자 ✦ 94

대화의 시작은 다정한 분위기로! ✦ 100

친구가 "응, 맞아!"라고 말하게 만들어야 해 ✦ 106

친구가 말을 더 많이 하도록 해야 해 ✦ 112

친구가 너의 의견을 스스로 선택하게 만들어 봐 ✦ 118

진심으로 친구의 입장에서 생각해 봐 ✦ 124

마음을 움직이는 방법은 공감뿐이야 ✦ 130

친구의 마음속 천사를 깨워 보자 ✦ 136

친구는 언제 어디서나 나를 믿고 내 편이 되어 도움을 줘요. 그런데 좋은 친구를 만드는 것보다 더 중요한 일은 무엇일까요?

바로 적을 만들지 않는 거예요. "열 명의 친구가 한 명의 적을 당하지 못한다"라는 말도 있어요. 나를 싫어하는 친구 한 명이 나의 행복한 일상을 모두 망가뜨려 버릴 수도 있다는 뜻이죠. 나와 맞지 않는 친구와 싸우지 않고 그럭저럭 잘 지낼 수 있는 것도 친구 관계의 기술이랍니다.

이번 장에서는 친구의 마음을 얻는 세 가지 방법을 알려 줄 거예요. 어떤 상황에서도 누구에게나 적용할 수 있는 방법들이에요. 화가 나고 속이 상할 때도 세 가지 기본 규칙을 떠올려 보세요. 모든 친구와 사이좋게 지낼 수는 없지만, 본체만체하면서 미워하고 싸우면서 지내지는 않을 수 있을 거예요.

1장

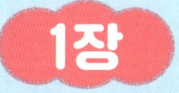

친구의 마음을 얻는 법

친구 관계에서 꼭 지켜야 할

3가지 원칙

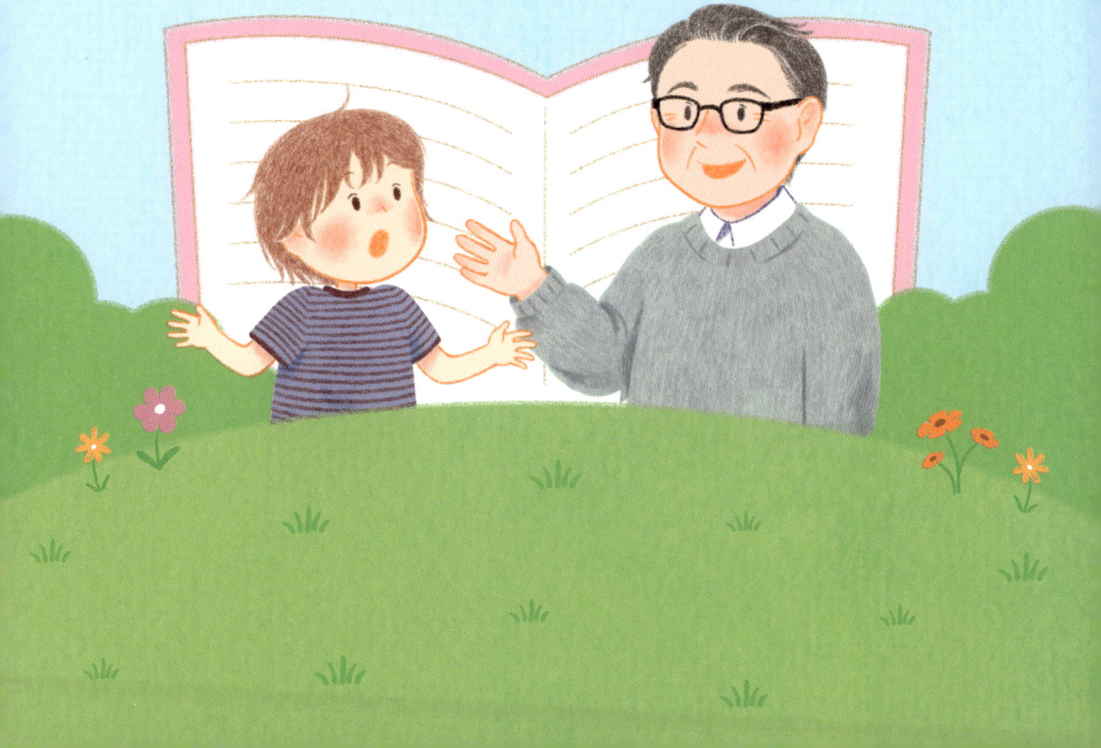

절대로 친구를 비난하지 마, 친구가 잘못했을지라도

미국의 제 16대 대통령이었던 링컨은 젊었을 때 사람을 대하는 데 서툴렀어. 허세가 강하고 시비 걸기를 좋아하는 어느 정치인을 보았을 때는 지적하고 싶어 입이 간질거릴 정도였지. 결국 링컨은 그 정치인을 조롱하는 글을 잡지에 보내 버렸어.

공개적으로 비난을 받은 정치인은 머리끝까지 화가 났단다. 링컨에게 결투를 신청했고, 누구 하나가 죽기 전까지 싸울 태세였지. 하지만 주변 사람들이 싸움을 말린 덕분에 간신히 큰 위험을 피했어. 링컨은 그 일을 계기로 중요한 깨달음을 얻었지.

"다시는 절대로 다른 사람을 비난하지 말아야겠어. 어떠한 일이 있어도 다른 사람의 자존심에 상처를 주지 않겠어!"

링컨은 이와 같은 결심을 한 후 정말로 지켰단다.

링컨이 대통령이 되고 얼마 지나지 않아 미국에서 남북전쟁이 벌어졌을 때였지. 링컨이 보낸 북부군은 남부군을 바싹 뒤쫓고 있었어. 당장 상대편 남부군을 공격하면 승리할 수 있었지. 링컨은 미드 장군에게 전보를 보내서 지금 즉시 남부군을 공격하라는 명령을 내렸어.

그런데 미드 장군은 링컨의 명령을 받고도 반대로 행동했어. 공격할지 말지 회의를 열며 고민했던 거야. 미드 장군이 주저하는 사이에 남부군은 도망가 버렸어. 이 소식을 들은 링컨은 당연히 크게 화가 났지. 링컨은 미드 장군에게 다음과 같이 편지를 썼단다.

> **미드 장군 귀하**
>
> 남부군을 놓쳤다는 것이 얼마나 안타까운 일인지 알고 있나요? 이번에 남부군만 붙잡았으면 이 전쟁을 바로 끝낼 수도 있었습니다. 하지만 당신 때문에 이 전쟁은 쉽게 끝나지 않을 것입니다. 나는 정말 이루 말할 수 없을 만큼 괴롭습니다.

그런데 놀랍게도 링컨은 이 편지를 부치지 않았단다! 보내기 직전에 링컨은 이렇게 생각했던 거야.

"내가 만약 미드 장군이었다면 어땠을까? 나 또한 미드 장군처럼 전투를 결정하기가 쉽지 않았을 거야. 장군이 잘못된 판단을 하면 병사들만 죽어 나갈 수도 있으니까. 어차피 일어난 일이야. 편지를 보내 봤자 달라지는 건 없어. 미드 장군의 기분만 망치게 될 거야."

문제가 생겼을 때 상대를 비난하고 불평하는 것은 누구나 할 수 있어. 하지만 똑똑한 사람은 상대방 입장을 헤아리면서 이해하고 용서하지. 바로 링컨처럼 말이야.

친구의 마음을 얻는 법 1

절대 비판하거나, 비난하거나, 불평하지 마.

카네기 할아버지의 조언

 그런데 친구가 계속 잘못된 일을 반복할 때도 있잖아요. 친구의 기분을 상하게 하지 않으면서 잘못을 말할 방법은 없나요?

 너에게 큰 피해를 주지 않는다면 웬만하면 친구의 실수를 이해해 주고 너그럽게 넘어가 주는 게 제일 좋아. 만약 꼭 알려 줘야 한다면 친구에게 **상처를 주지 않도록 조심하면서 말해야 한단다.**

듣는 사람의 기분을 살펴야 한다는 거죠?

맞아. 말의 내용과 상관없이 기분이 상하면 어떤 말도 듣기 싫거든.

상대의 기분을 살피는 말하기 연습

① 칭찬을 먼저 하고 잘못을 말하자

아빠가 턱수염 깎는 모습을 본 적 있어? 날카로운 면도칼을 대기 전에 거품을 먼저 바르지? 칭찬은 이 비누 거품과 같아. 친구의 잘못을 지적할 때도 칭찬의 말부터 해야 서로가 다치지 않는단다.

② 명령하지 말고 제안을 하자

친구끼리는 "~하면 어떨까?", "~를 생각해 볼까?", "~하는 게 어때?"와 같은 말을 사용하는 게 좋아.

❸ 내 잘못을 먼저 이야기하자

친구의 잘못을 말하기 전에 내 잘못, 내 단점부터 이야기하면 분위기를 부드럽게 만들 수 있어. "나도 마음이 급할 땐 중간에 끼어들 때가 있어"처럼 이야기해 보자.

❹ 잘못은 간접적으로 표현하자

"내 말을 끊지 마"처럼 직접적으로 말하지 않아도 친구는 잘못을 깨달을 수 있어. 친구의 감정을 소중히 여기면서 말해 보자.

친구의 존재를 인정하고 칭찬하자

사람은 누구나 다른 사람에게 인정받고 싶어 한단다. 소설가는 훌륭한 소설을 써서, 건축가는 오랫동안 길이 남을 위대한 건축물을 지어서 세상 사람들에게 인정을 받으려고 하지. 사업가가 이미 평생 쓰지도 못할 어마어마한 돈을 벌었는데도 계속해서 일을 하는 이유 역시 세간의 인정을 받고 싶은 마음에서 오는 거라고 볼 수 있지.

우리가 남들이 예쁘다고 하는 옷을 입는 이유도, 좋은 성적을 받고 싶은 것도 마찬가지야. 달리기 기록을 단축하려는 것도, 멋진 그림을 그려서 상을 타려는 것도 같은 이유에서지. 모두 친구들에게 "우와~" 하는 말을 듣고 싶은 마음에서 출발하는 거야.

나의 특별함을 누군가 알아주고 칭찬할 때 우리는 그 사람에게 좋은 감정을 품게 돼. 나에게 호의적인 사람이라는 생각이 생겨서 친절하게 대하고, 나아가 그 사람을 실망시키고 싶지 않아서 칭찬받을 행동을 더 열심히 하기도 하지.

❀❀❀

인정받고 싶어 하는 사람들의 마음을 잘 활용해서 성공한 사람이 있어. 바로 미국의 철강회사에 잡일을 하는 직원으로 들어가서 사장이 된 찰스 슈와브야.

슈와브는 비록 평범한 능력을 지니고 있었지만, 아주 뛰어난 인재들이 자신을 위해 일하도록 만드는 재주가 있었어. 자기보다 더 뛰어난 사람을 움직이게 만든 비결이 무엇일까? 바로 칭찬과 격려, 인정을 아끼지 않는 태도였어.

슈와브는 절대로 남을 비난하지 않았어. 조금이라도 장점이 보이면 아낌없이 칭찬했지. 칭찬을 들은 사람은 신이 나서 자신의 능력을 기대 이상으로 보여 주고, 슈와브를 적극적으로 도왔지.

존 록펠러라는 사업가도 비슷한 방법으로 성공을 일구어 냈어. 칭찬을 사용해서 수많은 사람이 자신을 위해 일하도록 만들었지.

　누군가가 실수를 해서 록펠러의 회사에 큰 손해를 끼쳤을 때였어. 록펠러는 그 상황에서조차 직원의 잘못은 일절 말하지 않고 오히려 칭찬할 거리를 찾았단다. "문제가 생긴 상황에서도 그만큼이나 피해를 줄이려고 노력하다니, 정말 대단합니다!"라고 말이야. 이 말을 들은 직원은 어떤 마음이 들었을까? 자신이 끼친 피해를 어떻게든 줄이고 싶다는 마음이 더 간절해졌단다.

　꼭 기억하도록 해. 친구를 내 편으로 만들고 싶으면 그 친구를 유심히 관찰하고 작은 점이라도 칭찬하고, 인정하고, 격려해야 해. 그렇게 하면 아무리 까탈스러운 친구라도 너를 좋아하게 만들 수 있을 거야.

친구의 마음을 얻는 법 2

진심으로 인정하고 칭찬하자.

카네기 할아버지의 조언

 제 짝꿍은 항상 시끄럽게 떠들고 저를 귀찮게 해요. 도무지 칭찬할 점이 하나도 없는걸요?

 칭찬할 점이 하나도 없는 사람은 세상에 없어. 똑같은 상황에서도 긍정적인 면을 찾을 수 있는 능력만 있다면 말이야. 예를 들어, 겁이 많아서 새로운 일을 시작할 때 주저하는 친구를 떠올려 보자. 나쁘게 보면 느리고 답답하지. 그런데 **긍정적으로 바라보면 아주 신중하고 조심성이 많은 거야. 시작하기까지는 오래 걸리지만 일을 처음부터 다시 할 일은 없어서 믿음직스러운 친구인 거지.**

1장 ◆ 친구의 마음을 얻는 법

똑똑하게 칭찬하는 방법

꼭 남들보다 뛰어나야만 칭찬할 수 있는 것은 아니야. 시선을 달리하면 칭찬할 거리는 언제나 생기기 마련이야.

❶ 친구의 노력하는 모습을 발견하자

칭찬은 결과에 대해서만 하는 것이 아니란다. 친구가 평소와 다르게 열심히 노력하는 모습을 보인다면 칭찬을 해 보는 게 어떨까? 이를테면 밥을 골고루 잘 먹는 친구에게는 "윤아야, 너는 편식하지 않으려고 노력하는구나!"라고 말할 수 있어.

2 친구의 장점을 찾아보자

같은 행동이라도 내가 보는 시선에 따라 다르게 느껴지는 법이야. 수업 시간에 엉뚱한 질문을 하는 친구를 마냥 말썽꾸러기로 볼 수도 있지만, 지루한 수업 시간을 재미있게 해 주는 친구로 볼 수도 있는 거지.

3 진심으로 표현하자

마음은 표현하지 않으면 상대방이 알 수 없어. 네가 느끼고 생각한 점을 용기 내어 말로 하는 순간, 친구는 마음을 열 거야.

친구가 스스로 하고 싶은 마음이 들게 만들어 봐

 어느 아버지와 아들이 송아지를 외양간에 집어넣으려고 낑낑거렸어. 아버지는 송아지를 뒤에서 밀고, 아들은 앞에서 끌어당겼지. 과연 송아지를 외양간에 넣을 수 있었을까? 아니, 그럴 수 없었어. 송아지는 들어가지 않으려 네 발로 단단히 버티고 있었거든.

 그런데 마침 지나가던 한 하녀가 이 광경을 보았어. 하녀는 다르게 행동했어. 송아지를 외양간에 강제로 넣으려고 하지 않았어. 대신 송아지가 스스로 외양간으로 들어가려면 무엇이 필요할지 먼저 생각한 거야. 그리고 송아지 입에 자신의 손가락을 집어넣었어. 송아지가 손가락을 어미의 젖이라고 착각하고 빨도록 한 거지. 송아지가 손가락을 빠는 동안 하녀는 송아지를 외양간으로 끌고 올 수 있었지.

❋❋❋

상대의 마음을 읽을 줄 알았던 사람을 한 명 더 소개해 볼까? 바로 19세기 미국의 성공한 철강 기업가, 앤드루 카네기야.

앤드루 카네기에게는 두 명의 대학생 조카가 있었어. 조카들은 멀리 떨어진 명문 대학에서 공부하고 있었는데, 너무 바빠서인지 도통 엄마의 편지에 답장이 없었지. 엄마는 두 아들의 소식을 걱정하다가 병이 나고야 말았어.

옆에서 지켜보던 앤드루 카네기는 조카들에게 답장을 달라고 하는 것보다 더 좋은 방법이 없을지 고민했단다. 그러고는 조카들에게 친근한 편지를 썼어. 용돈을 봉투에 넣어 보낸다는 마지막 인사말과 함께였지. 하지만 돈은 넣지 않았어.

그러자 "사랑하는 앤드루 삼촌에게"로 시작하는 조카들의 답장이 왔어! 그다음에 어떻게 되었는지는 아마 너도 충분히 짐작할 수 있을 거야.

물고기를 낚으려면 물고기가 좋아할 만한 것이 무엇인지 생각해야 해. 마치 물고기 눈앞에서 지렁이를 흔들며 "이거 먹고 싶지 않니?"라고 하는 것처럼 말이지. 네가 좋아하는 딸기나 생크림 케이크를 건네 봤자 물고기가 쳐다도 보지 않는 건 당연하지 않을까?

　사람도 마찬가지란다. 네가 원하는 것만 이야기하면 친구의 마음이 움직이지 않아. 네 말이 친구에게 어떻게 들릴지 생각해 봐. 친구의 입장에서 해야 할 이유를 먼저 찾아보고 친구가 듣고 싶은 말을 해주는 것이 더 옳은 방법이야.

친구의 마음을 얻는 법 3

친구가 스스로 하고 싶은 마음이 들게 만들자.

카네기 할아버지의 조언

할아버지, 제가 친구랑 같이하고 싶은 놀이가 있는데 어떻게 말하면 거절당하지 않을까요?

친구가 하고 싶은 것이 무엇인지, 다른 원하는 것은 없을지 곰곰이 생각해서 말해 보렴. 사람들은 보통 자기가 하고 싶은 것만 이야기하기가 쉬워.
하지만 **듣는 사람도 자신이 하고 싶은 것에 대한 말을 들었을 때만 비로소 함께하고 싶은 마음이 생긴단다.**

같이 놀고 싶은데, 그 친구는 다른 친구랑 놀고 싶대요…….

정말 속상했겠구나. 셋이서 함께 놀면, 여러 명이 할 수 있는 재미있는 놀이를 할 수 있다고 말해 보는 건 어떻겠니?

1장 ◆ 친구의 마음을 얻는 법

친구를 슬며시 움직이는 기술

만약 친구와 함께 줄넘기를 하고 싶은 상황이라면 어떻게 말하면 될까?

❶ 내 입장을 강조하지 말자

내가 하고 싶은 이유만 강조하면서 말하면 친구 입장에서는 '왜 내가 줄넘기를 하러 가야 하지?'라는 생각이 들 수 있어.

❷ 부드럽게 권유하자

"꼭 나와!", "6시까지 와야 해!"라고 강요하는 듯하게 말하기보다 "올 수 있어?", "6시에 시간 돼?"라고 부드럽게 권유하는 게 좋아.

❸ 친구에게 뽐낼 기회를 주자

누구나 자기가 잘하는 건 자랑하고 싶은 법이야. 줄넘기를 잘하는 친구라면 "너 쌩쌩이 잘하잖아. 나 좀 가르쳐 줄 수 있어?"라고 말하는 것도 친구를 움직이게 만드는 방법이야.

1장 ◆ 친구의 마음을 얻는 법

여기서 잠깐, 퀴즈

밥을 잘 먹지 않으려는 아이가 있었어. 아이는 또래 친구들보다 키가 아주 작았지. 그래서인지 덩치 큰 친구에게 땅꼬마라고 놀림을 받기까지 했어. 아이의 엄마는 이렇게 말했어.

"엄마는 아들이 이것저것 골고루 먹는 모습을 보는 게 소원이야."

아이는 엄마의 애원에 처음 몇 번은 어쩔 수 없이 뜨는 시늉을 했지만 여전히 밥에는 별 관심이 없었지. 어떻게 말해야 아이가 밥을 잘 먹을 수 있을까? 앞서 배운 '스스로 하고 싶은 마음이 들게 하자'라는 법칙을 활용해서 말해 볼까?

정답

"덩치 큰 친구가 너를 놀려서 너무 속상했겠다. 우리 아들이 그 친구보다 키가 더 커지면 다신 너에게 작다고 하지 못할 텐데… 아들! 키 크는 데 가장 중요한 건 뭐든 잘 먹는 거야. 먹기 싫은 것도 조금씩 먹어 보면서 키 크는 노력을 해 보면 어떨까?"

딱히 이유를 모르겠는데 인기 있는 친구가 있어요. 반대로 나쁜 친구는 아닌데 괜히 불편한 친구도 있고요. 그 차이는 무엇일까요?

나를 좋아하는 친구가 많이 있다는 사실은 일상 생활을 자신감 있게 하는 데 도움이 돼요. 내가 어려움에 처했을 때 나를 도와주기도 하고, 혹시 잘못을 하더라도 실수라고 이해하고 넘어가 주기도 하니까요.

여러분도 많은 친구들에게 환영받는 사람이 되고 싶지 않나요? 이번 장에서는 친구들이 나를 좋아하게 만드는 방법 여섯 가지를 소개할 거예요.

어떻게 하면 친구들이 나에게 호감을 가질 수 있을까요? 어떻게 하면 나를 좋은 친구라고 생각하게 만들 수 있을까요? 그 비밀들을 하나씩 알아보자고요!

2장
친구들이 나를 좋아하게 만드는 법

딱히 이유를 모르겠는데

인기 많은 친구의 비밀

네가 먼저 진심으로 친구에게 관심을 가져 봐

미국의 제32대 대통령이었던 루스벨트는 만나는 모든 사람에게 인기 만점이었어. 대통령은 늘 바쁘기 마련이고, 바쁘면 일만 하기에도 정신이 없어서 주변 사람에게 관심을 쏟기가 정말 어렵지. 그런데 루스벨트는 달랐어. 주변에 있는 모든 사람, 심지어 하인들도 진심으로 대했지. 예를 들면 이런 일이 있었어.

어느 하인이 지나가는 말로 루스벨트에게 메추라기라는 새를 한번도 본 적이 없다며 속상해했어. 한참 시간이 지난 어느 날 루스벨트는 창밖을 보다가 메추라기를 발견했어. 그리고 곧장 그 하인을 떠올렸지. 루스벨트는 하인에게 전화해서 지금 밖을 보면 메추라기를 볼 수 있을 거라고 말해 주었단다.

하인들의 이름을 일일이 기억해 불러 주는 것은 물론이었어.

개개인의 특징을 기억해서 "아직도 옥수수 빵을 만드시오?"라며 안부 인사를 건네곤 했지. 이렇게까지 섬세하게 챙겨 주는 사람을 그 누가 좋아하지 않을 수가 있을까?

❀❀❀

세계 최고의 전설적인 마술가로 꼽히는 하워드 서스턴의 이야기도 들려줄게. 그는 약 40년간 전 세계를 돌며 무려 6천 만 명이 넘는 관객의 마음을 사로잡았어. 덕분에 어마어마한 돈도 벌었지. 과연 서스턴이 관객을 홀린 비결은 무엇이었을까?

마술에 대한 지식이나 기술이 매우 뛰어났기 때문이었을까? 아니야. 서스턴은 자신만큼 어려운 기술을 할 줄 아는 마술사들은 적어도 수십 명은 된다고 말했어.

서스턴은 남들과 마음가짐이 달랐어. 당시 보통의 마술사들은 '저기 잘 속는 사람들이 있네. 저들은 얼간이에 불과해. 나는 오늘 저들을 잘 속일 수 있어!'라고 생각하고 무대에 올랐어. 그런데 서스턴은 이렇게 생각했지.

'이분들이 날 보러 온 건 정말 감사한 일이야. 내가 좋아하는 일을 직업으로 가질 수 있는 건, 다 이 관객들 덕분이지. 이분들이 오시지 않았다면 내가 어떻게 공연을 할 수 있겠어? 그러니

최고의 공연으로 보답해 드릴 거야.'

서스턴은 관객을 진심으로 대했던 거야.

네가 친구에 대해 어떤 마음을 가지고 있는지는 말하지 않아도 전해진단다. 친구에게 관심이 있는지 없는지, 좋게 생각하는지 나쁘게 생각하는지도 말이야.

또한 네가 친구에게 전한 따뜻한 마음은 언제나 돌아오기 마련이야. 친구가 나를 좋아하게 만들고 싶고, 친구를 사귀고 싶다면 네가 먼저 무언가를 하는 수고를 아끼지 않아야 해. 배려와 친절을 베풀고 너의 시간과 에너지를 들여 친구를 도와주는 것이 바로 그런 일이야.

> **친구들이 나를 좋아하게 만드는 법 1**
>
> 친구에게 진심으로 관심을 가져 봐.

카네기 할아버지의 조언

제가 진심으로 관심을 보여 줬는데, 친구가 저를 별로 좋아하지 않으면 어쩌죠?

물론 그럴 수도 있겠지. 그땐 그 친구와 무언가 잘 안 맞는 부분이 있나 보다 하고 생각하면 그만이야. 건강한 친구 관계는 일방적이어서는 안 되거든.
다만 그때도 네가 베푼 친절을 아까워할 필요는 없어. **친절은 언제나 다시 돌아오기 마련이거든. 꼭 그 친구를 통해서가 아니라도 말이야.**

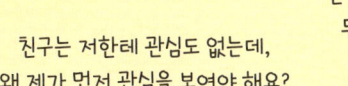
친구는 저한테 관심도 없는데, 왜 제가 먼저 관심을 보여야 해요?

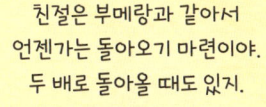
친절은 부메랑과 같아서 언젠가는 돌아오기 마련이야. 두 배로 돌아올 때도 있지.

인기 많은 친구의 특급 비밀

친해지고 싶은 친구가 있니? 그렇다면 너의 마음을 표현해야 해. 네가 친구에게 관심이 많이 있다는 것을 드러내는 간단한 방법 세 가지를 소개할게. 아마 친구는 너의 관심을 받으면 특별한 사람이 된 것 같은 기분이 들어서 행복해할 거야.

❶ 친구의 생일을 기억한다
친구의 생일을 적어 두고 기억해 봐. 꼭 선물을 주지 않아도 괜찮아. 진심을 담은 축하의 말을 건네 봐.

❷ 짧은 인사를 할 때도 반갑게 한다
"안녕"이라는 짧은 인사를 할 때도 목소리를 조금 높여서 반가움을 표현해 봐. 친구가 훨씬 기분 좋아할 거야.

❸ 실수나 잘못은 비밀스럽게 알려 준다
친구가 실수하거나 잘못된 행동을 했다면, 둘만의 비밀처럼 조심스럽게 알려 주는 거야. 예를 들어 친구 가방이 열려 있다면 멀리서 외치지 말고 직접 가서 살짝 지퍼를 닫아 주는 거지.

웃는 얼굴이 첫인상을 좋게 만들어

 예전에 내 인간관계 수업을 듣는 어른들에게 미소 짓기 숙제를 내준 적이 있단다. 일주일 동안 매일 누군가에게 미소를 짓고, 다음 수업에서 그 결과를 발표하는 거였지. 그중 한 아저씨의 발표가 인상적이었어.

 뉴욕의 증권거래소에서 일하는 아저씨는 원래 18년 동안 '아, 이런…… 오늘도 회사에 가야 하는구나'라고 낙담하며 출근을 했어. 당연히 아내에게 좀처럼 밝은 모습을 보여 주지 못했지. 오히려 불평불만이 많은 표정이었다고 할 수 있어. 주식을 사고파는 일이 워낙 힘든 일이었으니까. 회사에 가기 싫은 마음 때문에 출근하기 전까지 꼭 필요한 말이 아니면 하지 않아서, 아내와 열 마디도 하지 않는 날도 많았어.

그런데 미소 짓기 숙제를 받은 후에는 아내에게 활짝 웃는 얼굴로 "좋은 아침이에요, 여보"라고 인사를 하고 출근을 했어. 아내는 놀라는 것을 넘어 충격을 받은 듯한 모습이었어.

출근길에 만난 경비 아저씨, 지하철 직원에게도 환한 미소를 보여 주었어. 회사에서 같이 일하는 직원들에게도 먼저 밝은 얼굴로 인사를 건넸다고 해. 그러자 어느 날 같이 일하는 동료가 아저씨에게 이렇게 털어놓았어.

"솔직히 당신이 처음 회사에 왔을 때 불평꾼이라고 생각했습니다. 그런데 최근에 생각이 바뀌었어요!"

아저씨가 미소를 짓는 모습을 보니 인간적으로 느껴져서 없던 호감이 생겼다는 거였지. 변한 아저씨의 태도는 지난 몇 년간 느낀 행복보다 훨씬 더 많은 행복을 가져다주었어. 모든 사람들이 미소를 받으면 다시 돌려준다는 것도 발견했지. 불평불만이 있어 아저씨를 찾아온 사람들도 마찬가지였어. 미소를 띤 채 이야기를 들어 주면 일이 훨씬 일이 쉽게 풀렸어. 미소가 매일같이 많은 돈을 벌어 준다는 사실을 알게 된 거야.

❀ ❀ ❀

미소는 마치 이렇게 말하는 것과 같아. "나는 지금 행복해",

"나는 네가 좋아", "너와 함께 있어서 정말 기뻐." 웃는 얼굴은 주변 친구들에게 밝고 긍정적인 에너지를 전해 줄 거야. 그리고 그 에너지는 돌고 돌아서 결국 너에게로 모두 올 거야.

마지막으로 미국의 철학자 엘버트 허버드가 한 현명한 충고를 꼼꼼히 읽어 보렴.

"문 밖에 나설 때마다 턱은 당기고 머리는 높이 세우고 가슴은 최대한 부풀려라. 햇살을 들이키고, 미소로 친구들을 반기고, 영혼을 담아 악수를 나눠라. 사람들이 너를 오해할까 두려워 말고, 적들을 생각하느라 일분일초도 낭비하지 말라. 하고픈 일을 확실히 정하려 노력하고, 그다음에는 한눈팔지 말고 곧바로 목표를 향해 나아가라."

친구들이 나를 좋아하게 만드는 법 2

환한 미소!

카네기 할아버지의 조언

일부러 심각하려는 건 아니고요. 도대체 즐거운 일이 없는데 어떻게 웃어요?

물론 매일 즐거운 일이 있을 수는 없지. 하지만 행복한 일이 없어도 먼저 웃으면, 우리의 뇌는 속아서 정말로 행복한 상태가 된단다.
상황을 바꿀 수 없다면 상황을 대하는 우리의 태도를 바꿔 보는 거야. 작은 일에서도 기쁨을 찾으면서 말이야.

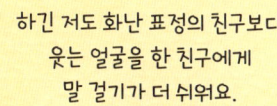
하긴 저도 화난 표정의 친구보다 웃는 얼굴을 한 친구에게 말 걸기가 더 쉬워요.

맞아, 그래서 첫인상이 중요한 거야. 이제 알겠지?

웃는 얼굴을 만드는 비법

❶ 억지로라도 웃는다

세계 최고의 대학으로 불리는 하버드대학교 연구에 따르면, 행동과 감정은 같이 움직인다고 해. 그러니까 재미있는 일이 없어도 먼저 웃으면 즉시 행복한 감정이 생긴다는 거지. 이미 행복한 사람이 된 것처럼 생각하고 웃어 보면 어떨까? 마법처럼 진짜 행복이 찾아올 거야.

❷ 긍정적으로 생각한다

"내가 좀 더 예뻐지면", "우리 엄마 아빠가 부자였더라면", "내가 공부를 더 잘했더라면……." 혹시 이런 생각을 한 적이 있어? 이런 생각은 착각에 불과해.

바라던 것을 갖게 되고, 원하는 능력이 생긴다고 해서 평생 행복한 것은 아니기 때문이지. 긍정적으로 생각하지 않으면, 아무리 원하는 것을 가져도 사람의 욕심은 끝이 없어서 금방 행복을 느끼지 못하게 될 거야.

2장 ◆ 친구들이 나를 좋아하게 만드는 법

친구의 이름을 불러 주자

짐 팔리는 열 살 때 아버지가 돌아가셨단다. 먹고살기 위해 짐 팔리는 어쩔 수 없이 벽돌공장에서 일해야 했지. 모래를 나르고, 거푸집에 붓고, 햇볕에 마르도록 벽돌을 앞뒤로 돌려 놓는 일을 했어.

그는 제대로 된 교육은커녕 고등학교를 구경도 못했지만 타고난 싹싹함으로 사람들이 자기를 좋아하게 만드는 재주가 있었어.

그 재능을 바탕으로 짐 팔리는 정치에 뛰어들었고 나중에는 미국의 정보통신부 장관까지 되었지. 뿐만 아니라 4곳의 대학에서 명예 학위도 받았어. 미국의 제32대 대통령 프랭클린 루스벨트를 대통령으로 만든 것도 짐 팔리의 공이 컸지. 그런 짐 팔리에게 성공의 비결을 물었더니 이렇게 답했어.

"바로 5만 명의 이름을 기억하는 것이죠."

학교에서 배우진 못했지만, 짐 팔리는 사람들이 모두 자신의 이름을 소중히 여긴다는 사실을 알았던 거야.

시작은 단순했어. 새로운 사람을 만날 때마다 그 사람의 성과 이름, 가족, 하는 일을 알아냈어. 그리고 이 모든 것을 마치 그림처럼 머릿속에서 기억했지.

나중에 루스벨트 대통령 선거 유세가 시작되었을 때는 기억하고 있는 모든 사람들에게 하루에 수백 통이 넘는 편지를 보냈어. 모두 '친애하는 빌' 혹은 '친애하는 조'로 시작했고 마지막에는 언제나 '짐'이라고 써 있었지. 누군가의 이름을 기억하고 어렵지 않게 불러 준다면 마치 그 사람을 칭찬하는 듯한 느낌을 줘서 사람들의 마음을 사로잡을 수 있었던 거야.

❁ ❁ ❁

폴란드의 피아니스트 이그나치 얀 파데레프스키는 요리사를 부를 때도 절대로 "저기요"라고 하지 않았대. 언제나 격식을 차려 "카퍼 씨"라고 이름을 불렀지.

이름이 불린 요리사는 어떻게 행동했을까? 피아니스트가 한

밤중에 식사를 요청해도 불평불만 없이 기꺼이 음식을 만들어 줬다고 해. 파데레프스키는 미국에서 열다섯 차례의 순회공연을 했는데 그때마다 저녁 식사를 거르기 일쑤였거든. 공연을 마치고 자정이 가까운 시간에 숙소로 돌아와서 조심스럽게 한 요청이었지만, 파데레프스키를 진정으로 친구로 느끼고 있었던 요리사는 걱정스러운 마음으로 기쁘게 요리했던 거지.

혹시 친구가 "야!", "너", "쟤", "안경 쓴 애"와 같이 불러서 기분이 나쁜 적 없었어? 나를 하찮게 대하는 느낌이 들었기 때문일 거야. 이름을 기억해서 불러 준다는 것은 그 친구를 중요하게 생각한다는 의미를 담고 있단다. 오늘부터 다정하게 친구의 이름을 불러 보는 게 어떨까?

> **친구들이 나를 좋아하게 만드는 법 3**
>
> ### 친구의 이름을 불러 주자.

카네기 할아버지의 조언

새 학년이 되고 작년에 같은 반이었던 친구와 우연히 마주쳤어요. 제 이름을 부르며 인사하는데 기분이 정말 좋았어요!

이름을 기억해 주는 친구를 만나면 기쁜 마음이 들면서 그 친구와 더 친해지고 싶지.
이름을 기억하고 불러 준다는 것은 상대를 소중히 여긴다는 표시이기도 하거든.

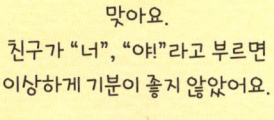

맞아요.
친구가 "너", "야!"라고 부르면 이상하게 기분이 좋지 않았어요.

부모님이 지어 주신 예쁜 이름을 소중히 여기고 많이 불러 보자.

친구의 이름을 잘 기억하는 방법

❶ 어떻게 쓰는지 꼭 확인한다

듣기만 해서는 헷갈리는 이름이 있기 때문이야. 종이에 친구의 이름을 몇 번 써 봐도 좋단다.

❷ 마음속으로 여러 번 되뇌어 본다

처음 만난 친구의 이름을 들으면 그 자리에서 마음속으로 여러 번 되뇌어 봐. 그냥 듣기만 하는 것보다 훨씬 기억이 잘 날 거야.

❸ 기회가 있을 때마다 자주 부른다

대화할 때 친구의 이름을 자주 입 밖으로 말해 봐. 헤어질 때도 그냥 인사만 하지 말고 이름을 부르며 인사해 보는 거야.

❹ 친구의 얼굴도 주의 깊게 본다

친구의 외모, 얼굴의 특징, 전체적인 이미지 등을 이름과 연결 지으면 더 기억하기 쉽기 때문이야.

친구의 이야기를 끝까지 들어 주자

한 신사가 백화점에서 양복 한 벌을 샀단다. 그런데 염색이 제대로 되어 있지 않아 셔츠의 깃을 검게 물들였지 뭐야?

신사는 백화점에 다시 가서 양복을 팔았던 직원을 찾았어. 그러고는 양복 때문에 셔츠가 망가졌다고 말을 꺼냈지. 직원은 신사의 이야기를 잘 듣지도 않고 이렇게 말했어.

직원1 저희가 이 양복만 수천 벌은 팔았습니다. 불만을 제기한 건 고객님이 처음입니다.

마치 그 말은 "양복에는 문제가 없어. 당신이 한 잘못을 양복에 덮어씌우는 거지?"라고 들렸지. 신사는 몹시 화가 났단다.

목소리가 높아지자 다른 직원이 끼어들었어.

> **직원2** 검은 양복은 처음에는 다 물이 빠져요. 어쩔 수 없죠. 그 가격대에서는요.

두 번째 직원의 말은 마치 이렇게 말하는 듯했어. "당신이 싸구려 양복을 샀잖아요. 돈이 없으면 형편없는 품질을 받아들여야 해요."

신사가 머리끝까지 화가 났을 때, 이번에는 점장이 달려왔어. 점장의 대처법은 앞의 두 직원과는 확연히 달랐단다. 우선 점장은 신사의 이야기를 처음부터 끝까지 아무 말없이 들어 줬어. 그러더니 잘못을 솔직하게 인정하고 간결하게 말했지.

> **점장** 구매하신 양복에만 왜 이런 문제가 생겼는지 솔직히 저희도 알 수 없습니다. 이 양복을 어떻게 해 드리면 좋을까요? 말씀하시는 대로 해 드리겠습니다.

> **신사** 양복을 처음 입을 때 원래 이렇게 물 빠짐 현상이 있는 건지, 아니면 제가 따로 어떤 조치를 취하면 괜찮아질 수 있는 건지 궁금했을 뿐입니다.

> **점장** 그럼 한 주만 더 입어 보시는 건 어떨까요? 그때도 셔

츠에 물이 들면 다시 가지고 오세요. 다른 양복으로 한 벌 드리겠습니다. 불편을 끼쳐 드려 정말 죄송합니다.

화가 누그러진 신사는 만족스러운 표정으로 백화점을 나왔어. 그리고 점장이 제안한 대로 해 보기로 했지. 다행히 일주일 뒤, 양복에서는 더 이상 물이 빠지지 않았어.

친구의 이야기를 열심히 들어 주렴. 참을성 있게 공감하며 귀 기울여 들어 주는 친구 앞에서는 화를 내는 친구라도 마음의 문을 열기 마련이야.

친구들이 나를 좋아하게 만드는 법 4

친구의 말에 귀를 기울이자.

카네기 할아버지의 조언

아무에게나 말하기 어려운 마음속 깊은 곳의 이야기를 털어놓을 단짝이 필요해요. 그런데 그런 친구는 사귀기 어려운 것 같아요.

깊은 우정을 나누는 친구를 사귀려면 먼저 친구의 이야기를 잘 들어 줘야 해. 이야기를 잘 들어 줄 때 상대는 이해받고 있다고 느끼거든. 그러니까 **경청은 단짝을 만들 때 꼭 필요한 기술이지.**

단짝이 있는 친구를 보면 가끔 부러워요.

꼭 필요한 건 아니지만 언제나 내 편인 친구가 있으면 든든하지. 친구의 말을 잘 들어 주는 연습부터 시작해 보는 건 어떨까?

2장 ◆ 친구들이 나를 좋아하게 만드는 법

경청하는 구체적 방법 4가지

❶ 하고 싶은 말이 있어도 참고 먼저 들어 준다

친구가 열심히 말을 하고 있을 때, 절대 중간에 끊지 않고 묵묵히 들어 주자. 특히 딴청을 부리거나 다른 곳을 보지 않고, 눈을 마주치고 듣는 게 중요해.

❷ 장단을 잘 맞춘다

"오, 그렇구나!", "그래서 어떻게 됐어?", "와, 정말 놀라운데?", "그 부분을 좀 더 자세히 얘기해 줄 수 있어?"라고 말해 보자.

❸ 들은 내용 확인하여 돌려준다

"동생이 너무 자기주장이 심하니까, 너도 모르게 동생과 대화를 피하게 된다는 거지?", "네가 떠든 게 아닌데, 선생님이 네 이름을 불러서 속상했다는 거지?"처럼 말해 보자.

❹ 공감을 표현한다

"나도 너와 같은 상황이었으면, 그렇게 할 수밖에 없었을 것 같아", "정말 속상했겠다"처럼 표현하는 거야.

여기서 잠깐, 퀴즈

동물은 사람에게 여러 가지를 베풀어. 닭은 우리에게 달걀을 주지. 소는 우유를 주기도 하고, 옛날에는 밭을 가는 데 도움을 주기도 했어.

그런데 사람에게 아무것도 주지 않는데도 사랑받는 동물이 있어. 그저 꼬리를 흔들며 반갑게 사람을 반겨 주는 동물이지. 어떤 동물일까?

정답
강아지

2

특별한 능력으로 인생을 바꾼 한 소년이 있어. 그는 열세 살에 학교를 그만두고 일을 해야 했지. 하지만 배움을 포기하지 않았어. 차비를 아끼며 위인의 전기를 사서 읽었지. 그리고 전기문의 주인공에게 편지를 써서 어린 시절을 묻고, 자신의 이야기를 더 해 달라고 부탁했어.

소년의 당돌한 편지에 한 장군은 성의 있게 답장을 보내 줬어. 심지어 저녁 식사에까지 초대해 자신의 이야기를 해 줬지. 소년은 장군의 말을 열심히 들었고 장군은 더 많은 이야기를 해 줬단다.

그 후 소년은 이야기를 잘 들어 주는 능력을 발휘해 미국에서 가장 유명하다는 사람들 여럿을 알고 지내게 되었어. 그리고 끝내 미국 언론 역사상 가장 성공적인 잡지의 편집자이자 미국에서 최고로 권위 있는 퓰리처상을 수상한 작가가 되었지. 그의 이름은 바로 에드워드 보크야. 보크의 인생을 바꿔 준 능력은 무엇일까?

정답
경청

친구의 관심사로 먼저 말을 걸어 봐

한 소년은 강가에 사는 고모 댁에서 주말을 보내곤 했어. 소년은 그때마다 강에 떠다니는 보트가 참 신기했어. 머릿속엔 온통 보트 생각뿐이었지.

그러던 어느 날 고모 댁에 한 중년 아저씨가 찾아왔어. 처음 만난 소년과 아저씨는 보트에 대해 정말 재미있게 이야기했어. 아저씨가 가고 난 뒤 소년은 고모에게 신이 나서 말했단다.

소년 정말 대단한 분이세요! 아저씨를 또 만나고 싶어요. 우리는 참 잘 맞는 것 같거든요. 아저씨도 보트에 관심이 많으시던데요?

> 고모 사실 아저씨는 보트에 대해 전혀 몰라. 뉴욕 대도시의 변호사거든.
>
> 소년 그러면 그분은 왜 내내 보트 이야기만 하셨을까요?
>
> 고모 네가 보트에 관심 있는 걸 알아차리고는 너를 기쁘게 해 주고 싶어서 그런 거지. 상냥한 행동을 한 거야.

아저씨가 단 한 번의 대화로 소년의 마음을 사로잡을 수 있었던 비결은 무엇이었을까? 바로 상대가 관심 있는 주제에 대해 이야기하는 것이었어.

❀❀❀

미국 뉴욕에서 최고의 빵을 만드는 기업의 사장은 한 호텔에 빵을 판매하려 오랫동안 노력해 왔단다. 무려 4년 동안 매주 호텔 사장을 찾아갔지.

사장이 다니는 사교 모임에도 나가고, 심지어 그 호텔에 투숙해서 살기도 했어. 하지만 실패했어. 그래서 그는 전략을 바꿨어. 그 사장이 어디에 관심이 있는지를 먼저 찾아보기로 한 거야.

사장은 미국 호텔인 연합이라는 경영자 모임에 아주 열심히 나갔어. 그 모임을 대표하는 회장일뿐더러 호텔 국제연합에서도 회장직을 맡았지. 어디에서 모임이 열리든 항상 그곳에 있는 건 당연했어.

그는 다음에 사장을 마주쳤을 때 그 모임에 대한 이야기를 꺼냈어. 사장과 이야기하는 30분 동안 빵에 대해서는 한마디도 하지 않으면서 말이야. 그런데 어떤 일이 일어난 줄 아니?

며칠 후 호텔 직원에게서 빵 샘플과 가격표를 가지고 오라고 전화가 왔어. 호텔 직원은 이렇게 덧붙였어.

"우리 사장님께 무슨 짓을 했는지 알 수 없지만, 사장님은 확실히 당신에게 넘어간 것 같아요."

4년 동안 쫓아다녀도 되지 않았던 일이 사장의 관심사에 대한 공감을 표현하는 간단한 행동으로 너무 쉽게 이루어졌던 거야.

친구들이 나를 좋아하게 만드는 법 5

친구의 관심사에 맞춰 이야기하자.

카네기 할아버지의 조언

친구가 뭘 좋아하는지 알고 싶어서 "너는 무슨 과목을 제일 좋아해?"라고 물었는데, 자기 이야기만 잔뜩하고 저한테는 다시 물어보지도 않더라고요.

속상했겠구나. 그럴 땐 친구가 너무 신이 나서 그러는 거라고 이해해 주는 게 어떨까? 물론 매번 그런다면 친해질 수 있다는 생각이 안 들겠지만 말이야. 그 친구가 매번 그러는지, 진짜 좋아하는 걸 이야기할 때만 그러는지 잘 관찰해 보렴.

일부러 그런 건 아닐 거야.
그래도 다음 번에 친구가 나를 배려하는지는 살피는 게 좋겠다.

저는 안중에도 없는 거 같더라니까요.

친구의 관심사에 맞춰 이야기하는 방법

① 친구의 관심사 질문하기

친해지고 싶은 친구가 있는데 잘 다가가지 못하겠다고? 그럴 땐 "그림 그리는 거 좋아해?", "무슨 영화 제일 좋아해?"처럼 친구에게 궁금한 점을 질문해 봐. 친구가 신이 나서 말이 많아진다면 그게 바로 가장 관심 있는 주제야.

② 친구의 관심사가 나도 잘 알고 있는 분야라면?

친구가 신이 나서 말하는데 마침 네가 잘 알고 있는 주제라면 금상첨화야. 이야기할 거리가 많을 테니까. 친구에게서 "맞아. 맞아!", "나도 그래!"라는 대답이 나올 수 있도록, 좋고 싫음이 나뉘지 않는 것에 대해 먼저 이야기를 나눠 봐.

③ 친구의 관심사가 내가 잘 모르는 분야라면?

물론 친구가 네가 전혀 모르고 관심도 없는 주제에 대해 이야기할 수도 있어. 그럴 땐 심드렁한 표정을 짓지 말고 "와 정말?", "신기하다!", "그래서 어떻게 됐어?", "정말 궁금한데?"라고 말하면서 더 알고 싶다는 태도로 질문하고 들어 주렴.

2장 ◆ 친구들이 나를 좋아하게 만드는 법

언제나 친구를 중요한 사람으로 대해 봐

옛날에는 지금처럼 휴대폰으로 사진을 찍을 수 없었어. 사람들은 필름 카메라라는 기계로 사진을 찍었는데, 그 안에는 얇고 투명한 종이가 돌돌 말린 필름이 들어 있었지.

그 필름을 발명한 사람이 바로 미국의 조지 이스트먼이야. 코닥이라는 회사를 만들고 코닥 필름과 코닥 카메라를 세상에 내놓아 수백만 달러를 벌고 유명한 사업가가 된 사람이지. 하지만 이 엄청난 업적에도 불구하고, 이스트먼 역시 평범한 사람과 마찬가지로 일상에서 소소한 인정을 바라던 사람이었단다.

이스트먼이 기부한 돈으로 로체스터 대학에 공연장을 짓고 있을 때였어. 뉴욕의 의자 회사 사장이던 제임스 아담슨은 이 공연장에 의자를 공급하는 계약을 따내려 했지. 이스트먼을 만나러 가자 비서는 그의 시간을 뺏으면 계약은 물 건너갈 거라고 조언했어. 쓸 데 없는 이야기는 하지 말라는 뜻이었지.

이런 상황이라면 대부분 자기가 팔려는 의자가 얼마나 좋은지만 짧은 시간 안에 최대한 많이 설명해야겠다고 생각할 거야. 하지만 아담슨은 이스트먼의 방으로 들어가자마자 이렇게 말했지.

아담슨 이스트먼 씨, 기다리는 동안 사무실을 감탄하며 보았습니다. 이런 방이라면 일을 하는 게 즐거울 것 같습니다. 이렇게 아름다운 사무실은 본 적이 없습니다.
이 벽의 나무는 영국산 오크재군요, 이탈리아산 오크와는 질감이 조금 다르죠.

이스트먼 맞아요. 고급 목재를 전문으로 하는 친구가 저를 위해 골라 주었죠.

기분이 좋아진 이스트먼은 방 여기저기를 구경시켜 줬어. 지금 짓고 있는 건물에 대해서도 설명하고, 자기가 최초로 가지게 되었던 카메라도 꺼내서 보여 줬어. 사업 초기에 얼마나 고생했는지도 들려 줬지. 그러다 보니 어느새 시간은 두 시간이 훌쩍 지나 있었어. 여기에 그치지 않고 이스트먼은 이렇게 말했어.

> 이스트먼 지난번 일본에 가서 의자를 샀어요. 베란다에 놓았더니 햇볕에 칠이 벗겨지더군요. 페인트를 사서 직접 칠했습니다. 의자를 어떻게 칠해 놓았는지 집에 가서 보시겠어요?

 사실 그 의자는 1달러가 조금 넘는 값싼 것이었어. 하지만 이스트먼은 자신이 그 의자를 칠했다는 이유로 엄청난 자부심을 지니고 있었지. 과연 아담슨의 의자 계약은 어떻게 되었을까? 9만 달러에 달하는 극장 좌석 주문을 따낸 것은 물론이고, 이스트먼이 죽을 때까지 둘은 가까운 친구로 지냈단다.
 누군가를 인정하고 소중한 사람으로 대하는 것의 어마어마한 힘을 알겠지? 예로 부터 철학자, 부처님, 예수님에 이르기까지 뛰어난 사람들은 이 진리를 깨닫고 실천해 왔어. 그 진리는 다음과 같아.
 "다른 사람이 네게 해 주었으면 하는 대로 다른 사람에게 해 주어라."

친구들이 나를 좋아하게 만드는 법 6

친구가 자신이 중요한 사람이라고 느끼게 만들자.

🍎 카네기 할아버지의 조언

 친구가 너를 어떻게 대할 때 그 친구와 더 친해지고 싶었니?

 음… 저를 무시하지 않고 소중히 대해 줄 때요.

 맞아. 친구가 나를 소중히 대해 주면 중요한 사람이 된 듯해서 어깨가 으쓱해지지. 그건 친구 사이뿐 아니라 부모와 자식, 선생님과 학생 간에도 마찬가지란다. **네 앞에 있는 친구를 중요한 사람인 것처럼 대해 봐.**

친구가 저를 집으로 초대해 주면 기분이 좋았어요.

그래, 너를 특별한 친구로 생각해 주는 느낌이 들었지?

친구를 중요한 사람으로 대하는 방법

맛있는 간식을 몰래 주거나 선물을 줄 때도 물론 친구가 나를 특별하게 여기는 것을 느낄 수 있지만, 평소의 작은 말 한마디에 우리의 마음은 더 쉽게 움직인단다. 친구를 중요한 사람으로 대하는 몇 가지 방법을 소개할게.

❶ 칭찬으로 친구를 인정해 준다

"꾸미기 활동을 할 때 네 아이디어가 참 좋았어!"처럼 친구가 잘하는 점을 칭찬해 보자. 구체적으로 말해 줄수록 좋아.

❷ "고마워", "잘 먹었어" 등의 인사를 한다

인사를 잘하는 것도 친구를 중요한 사람으로 대하는 일이야. "잘 가", "안녕", "반가워"뿐만 아니라 친구가 지우개를 주워 주었다면 "고마워"라고 말을 건네 보는 거야.

❸ 예의 바르게 말하고 행동한다

친구에게 무엇을 요청할 때 "미안한데", "혹시 괜찮으면"과 같은 말을 붙이거나 "~을 해도 될까?"라고 말해 보자.

여기서 잠깐, 연습

우리는 매일 보는 가족에게 더 함부로 대하고 소홀히 하곤 해. 엄마라면, 아빠라면 당연히 해야 하는 일이라고 생각하면서 부모님이 해 주시는 것들의 고마움을 잊는 거지. 하지만 부모님도 네가 소중한 사람으로 대해 주면 무척 기뻐하실 거야. 여기에 그 방법 중 하나인 감사 인사를 알려 줄게. 알고 있지만 잘 실천하지 못하는 것들이야. 오늘부터 연습해 볼까?

✨ 부모님께 표현하는 감사 인사 ✨

❶ 밥을 먹을 때: "잘 먹겠습니다.", "맛있게 드세요."

❷ 밥을 다 먹고 난 후: "잘 먹었습니다.", "맛있게 드셨어요?"

❸ 부모님이 외출(출근)하실 때:
"다녀오세요.", "오늘도 힘내세요."

❹ 부모님이 귀가(퇴근)하실 때:
"다녀오셨어요.", "고생 많으셨죠?"

❺ 네가 외출할 때: "다녀오겠습니다."

❻ 네가 귀가할 때: "다녀왔습니다."

❼ 부모님이 멋진 옷을 사 주셨을 때: "고맙습니다."

❽ 밤에 잠들기 전에: "안녕히 주무세요."

때론 친구와 의견이 다를 때도 있을 거예요. 친구에게 내가 양보해 줄 수도 있지만, 가끔은 친구를 내 의견으로 설득시켜야 할 때도 있죠. 그런데 자칫 주장이 강해지면 "나는 맞고, 너는 틀렸어"처럼 들려서 친구의 기분을 상하게 만들기도 해요. 그렇게 되면 친구가 내 의견에 더욱 강한 반대를 하기도 하죠.

친구가 생각을 바꿔 내 의견을 따르게 하려면 지혜가 필요해요. 절대로 친구의 자존심에 상처를 내어서는 안 돼요. 친구를 존중해 줘야 친구도 내 의견을 존중하는 법이거든요.

이번 3장에서는 친구를 내 편으로 만드는 열 가지 방법을 소개할게요. 하나씩 차근차근 마음속에 담으면서 모두 익히면, 친구의 기분을 상하게 하지 않으면서 설득할 수 있을 거예요.

3장

친구를 내 편으로 만드는 법

기분 나쁘지 않게,
내 말에 동의하게 만들기

✨ 말싸움은 하지 않는 게 좋아 ✨

내가 어떤 축하 파티에 초대받아 갔을 때였어. 그곳에서 옆자리 사람과 이야기하게 되었지.

> **옆자리 사람** "어떤 일을 계획하는 것은 인간일지라도, 최종 결정을 내리는 것은 신이다"라는 성경의 격언이 있어요. 정말 그렇더군요.
>
> **나** 잘 들었습니다. 그런데 성경 격언이라고요? 그 격언은 셰익스피어 소설에서 나온 거랍니다.
>
> **옆자리 사람** 하하, 잘못 기억하고 계시네요. 성경 맞아요.
>
> **나** 무슨 말이신가요? 셰익스피어의 소설에 나와서 유명해진 문장이 맞습니다.

아무리 이야기해도 그 사람이 끝까지 성경에 나오는 말이라고 하는 게 너무나 답답했지. 어떻게든 내가 맞다는 것을 증명하고 싶었어. 마침 몇 년에 걸쳐 셰익스피어를 연구하며 셰익스피어에 대해 모르는 게 없는 내 친구가 옆에 있었어. 그 친구에게 사정을 이야기하고 누가 맞는지 판정해 달라고 했어. 친구는 식탁 아래에서 내 발을 톡톡 치더니 큰 소리로 말했어.

친구 ▶ 데일, 네가 틀렸어. 이분이 맞아. 성경이야.

나는 집으로 오는 길에 친구에게 다시 물어봤어.

나 ▶ 아까 그 사람이 말했던 격언 말이야. 셰익스피어에서 나온 건 너도 알고 있지 않아?

친구 ▶ 당연하지. 『햄릿』 5막 2장이잖아. 그런데 데일, 우린 축하 파티에 초대받아서 간 거잖아. 서로 좋은 시간을 보내자고 하는 자리에서, 왜 굳이 중요하지도 않은 걸로 말싸움을 해야 할까? 여러 사람 앞에서 굳이 틀린 부분을 꼬집어 지적하면, 그 사람 입장에서 순순히 "내가 틀렸군요"라고 할 수 있을까? 그냥 상대방 감정이 상하지 않게, 자존심 좀 살려 주고 넘어가도 되잖아. 둥글게 넘어가는 게 훨씬 지혜로운 거야.

당시 나는 못 말리는 말싸움의 달인이었지. 평소 의견 나누는 걸 좋아하기도 했고, 대학에서는 토론 대회에 자주 나가면서 말로 상대를 설득한다는 것에 자신감이 충만한 상태였어.

하지만 이 사건을 계기로 나는 생각을 바꾸었어. 말싸움에서 이긴다고 해도 진짜로 이긴 것은 아니라는 사실을 깨닫게 된 거야.

친구의 마음에 상처를 주면서 말싸움에 이기면 기분이야 좋을 수도 있어. 하지만 절대로 친구를 네 편으로 만들 수는 없어.

친구를 내 편으로 만드는 법 1

말싸움을 이기는 유일한 방법은 말싸움을 피하는 거야.

💕 카네기 할아버지의 조언

친구와 말싸움을 하면 맨날 져요.
전 너무 억울해서 한번쯤은 이겨보고 싶어요.

네가 이긴다고 해도, 친구는 기분이 나빠질 거야. 게다가 자존심에 상처를 입힌 네가 미워질 테지. 다음에 기회가 생기면 어떻게든 복수하고 싶어서 이를 갈 거고. 그럼 결국 너도 언젠가는 똑같이 상처를 받게 될 거야. 누구도 이기는 게임이 아닌 거지. **말싸움에서 이기려고 생각하지 마. 말싸움을 하지 않는 게 진짜 이기는 방법이야.**

말싸움에서 이기고 싶어요.

말싸움은 누구도 이기는 게임이 아니란다. 모두가 기분이 나빠지기에 피하는 게 제일 현명한 일이야.

3장 ♦ 친구를 내 편으로 만드는 법

말싸움을 피하는 3가지 방법

때론 잘난 척하는 친구의 콧대를 누르고 싶은 마음도 들 거야. 하지만 그러다 보면 친구 사이는 더 나빠지게 마련이야. 친구의 감정이 상하지 않게 이렇게 말해 보자.

① 경청하고 인정하기

"그럴 수도 있겠다", "네 입장에서 그렇게 생각하는 것도 당연하지"라고 말해 봐. 네가 먼저 친구의 의견을 존중해 주면, 친구도 네 의견을 들어 주고 싶은 마음이 생길 거야.

❷ 자존심에 상처가 되지 않게 말하기

네 의견을 조심스레 이야기한 뒤 "내가 꼭 정답은 아니야", "내가 틀릴 수도 있어"와 같은 말을 붙이면 훨씬 부드러워져.

❸ 자리를 피하기

친구가 끝까지 자기가 맞다고 우긴다면 굳이 네 의견을 주장하지 마. "그래, 네 말이 맞아"라고 말한 뒤 일단은 그 자리를 피하는 것이 좋아.

✨ 직접적으로 틀렸다고 하면 안 돼 ✨

예전에 집 커튼을 바꾸려고 인테리어 전문가를 부른 적이 있어. 커튼이 마음에 들긴 했지만, 나중에 영수증을 보니 가격이 너무 비싸서 후회가 되었지.

며칠 후, 친구 한 명이 놀러 와서 우리 집 커튼을 봤어. 그리고 커튼 가격을 듣더니 이렇게 말했어.

친구1 뭐라고? 너 완전히 바가지 쓴 거 같은데? 당했네, 당했어. 쯧쯧.

사실이었지. 하지만 순간 나는 불편해졌어. 나의 어리석음을 지적하는 것 같았거든. 그래서 나도 모르게 이런저런 변명을 늘

어놓게 되었어. 비싸지만 그만한 값을 한다느니, 다른 곳에서는 흔히 볼 수 없는 귀한 천이니 하면서 말이야.

다음 날 다른 친구 한 명이 또 찾아왔어. 마찬가지로 그 친구도 내 커튼을 봤고, 가격도 들었지.

친구2 에이, 그래도 비쌀 만한데? 전문가가 아니면 어떻게 이렇게 멋진 커튼을 완벽하게 달겠어. 우리 집에도 이런 커튼이 있으면 좋겠다!

두 번째 친구 말을 들은 뒤, 나도 모르게 튀어나온 반응은 완전히 달랐어.

나 솔직히 말해서 좀 부담스러운 가격이었어. 돈을 너무 많이 쓴 건 아닌지 후회하고 있어.

두 친구의 말에 따른 내 반응의 차이를 알겠니? 첫 번째 친구의 말은 나에게 도전처럼 느껴졌어. 반발심이 생겼고 내 선택이 잘못된 게 아니고, 어리석지 않다는 것을 증명해야 할 것 같았지. 하지만 두 번째 친구의 말에는 마음이 편안해졌어. 그래서 솔직하게 나의 감정을 이야기할 수 있었지.

❀❀❀

다른 사람이 내가 인정하고 싶지 않은 사실을 지적하면 반발심이 생기기 마련이야. 반대로 요령 있게 잘 구슬린다면 스스로 잘못을 솔직히 인정하고 앞으로 어떻게 했으면 좋겠는지 의견을 구하게 되지.

듣기 거북한 말이나 자존심 상하는 말을 들었을 때 가만히 있는 사람은 없어. 직접적으로 틀렸다고 말하는 것은 친구를 흥분시켜 감정싸움으로 번지게 만들 뿐이야. 변명하거나 되받아치고 싶은 마음이 들 테니까.

친구를 내 편으로 만드는 법 2

친구의 말을 절대로 틀렸다고 하면 안 돼.

카네기 할아버지의 조언

모둠 활동 시간에 친구가 엉뚱한 의견을 말했어요. 확실히 아는 저는 "그건 아닌데?"라고 말했는데, 이것도 안 되나요?

생각보다 사람은 감정에 영향을 많이 받는단다. 아무리 차분한 사람이라도 말이지. 친구는 순간 몹시 불쾌해지면서 되받아치고 싶은 마음이 생겼을 거야. 일단 감정이 다치면 내용이 맞고 틀리고는 생각할 겨를이 없거든. **잊지 마. 직접적인 반대는 감정만 건드린다는 것을 말이야.**

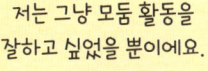

네 말이 맞아. 하지만 좋은 뜻으로 하는 말도 상대의 감정을 상하게 할 수 있다는 걸 기억하면 좋겠어.

저는 그냥 모둠 활동을 잘하고 싶었을 뿐이에요.

친구의 입장에 반대하는 말하기

❶ 먼저 친구의 의견을 존중하는 표현을 하자

"아, 그렇구나. 그럴 수도 있겠다"라고 말해 봐. 다른 의견이 있더라도 우선은 그런 생각을 할 수 있다는 걸 인정해 주는 거야.

❷ 내 생각일 뿐임을 강조하자

"내 생각에는", "내가 이해하기로는", "내가 틀릴 수도 있지만"라는 말을 붙이고 너의 생각을 말해 봐. 친구의 의견이 틀린 게 아니라 단지 너의 생각은 이렇다는 걸 제시하는 거야.

③ 쓰지 말아야 할 표현은?

"확실히", "분명히"라는 말을 하면서 네 의견을 말하는 것은 좋지 않아. 정말 확실한 일이라고 해도 말이야. "아니면 어쩔 건데?"라는 친구의 반응을 이끌어 내 말싸움을 할 수 있거든.

④ 질문으로 생각을 바꿔 주자

"그렇게 생각하는 이유가 있어?", "그것도 좋은데, 이렇게 하는 건 어때?"라는 말로 친구가 생각을 바꾸도록 이끌어 보자.

잘못은 빠르게 인정하자

내가 아주 작은 불독, 렉스를 데리고 공원을 산책할 때였단다. 렉스는 몸집이 작을뿐더러 사람들을 아주 좋아하는 개지. 나는 렉스가 자유롭게 행복을 만끽하는 모습이 좋았어. 그래서 종종 렉스에게 목줄이나 입마개를 하지 않고 공원을 산책시켰지. 그때 마침 경찰관을 만났단다.

경찰관 공원에서 입마개나 목줄 없이 개가 돌아다니게 하고 있네요. 위법인 것 아시죠?

나 알고 있습니다. 그런데 경찰관님, 여기 공원에는 렉스와 저 말고는 아무도 없잖아요? 렉스가 해를 끼칠 사람도 없으니, 괜찮지 않을까 생각되는데요.

> 경찰관 ▸ 생각이라고요? 당신이 어떤 생각을 했는지 법은 신경 쓰지 않아요. 중요한 건, 당신이 법을 어겼다는 거죠. 저 개가 공원의 작은 다람쥐나 새를 죽일 수도 있는 거잖아요? 다음에도 저 개가 입마개나 목줄 없이 돌아다니는 게 보이면, 그땐 판사님 앞에 가게 될 겁니다!

나는 다시는 그러지 않겠다고 약속했지. 그 후 얼마간은 법을 잘 지켰어. 하지만 렉스는 입마개나 목줄이 있을 때 무척 힘들어했고, 그 모습을 보는 나도 속상했단다. 그래서 렉스에게 목줄이나 입마개를 빼는 경우가 다시 생기기 시작한 거야. 그러다 결국 현장에서 그 경찰관을 또 마주치고야 말았어. 이번에는 경찰관이 입을 열기 전에 내가 먼저 냉큼 말했단다.

> 나 ▸ 죄송합니다. 정말 할 말이 없습니다. 지난번에 또 이런 일이 생기면 벌금이라고 하셨죠. 제가 감히 다시 법을 어겨 버렸네요. 모두 제 잘못입니다.
>
> 경찰관 ▸ 흠, 글쎄요……. 저 같아도 이렇게 공원에 아무도 없을 때는 개를 풀어 주고 싶은 생각이 들기도 할 것 같아요.
>
> 나 ▸ 네, 그런 생각이 들 수야 있죠. 하지만 법을 어겨서는 안 되잖아요. 렉스가 다람쥐나 새를 다치게 할 수도 있고요.

`경찰관` 너무 심각하게 생각하진 마시고……. 저기, 제가 안 보이는 곳에 가서 조금만 더 뛰어놀게 하세요.

달라진 경찰관의 태도가 인상적이지 않니? 만약 내가 또 변명하려고 했다면, 경찰관은 내가 법을 어겼다고 더욱 강하게 주장했을 테지.

내가 잘못을 솔직하게 인정하자 경찰관은 하려고 했던 말들을 할 필요가 없어진 거야. 그러고는 오히려 너그럽게 용서하는 태도를 보였지.

기억하렴. 내가 틀렸을 때는 빠르고 분명하게 잘못을 인정하는 게 좋아.

친구를 내 편으로 만드는 법 3

내가 틀렸다면 빨리, 분명히 인정해야 해.

카네기 할아버지의 조언

 수업 시간에 선생님한테 혼나고 말았어요. 떠들지 말라는 선생님의 지적에 친구가 말을 걸어서 대답했을 뿐이라고 했는데 더 야단을 치셨어요.

 그랬구나. 억울한 마음은 알겠어. 하지만 어찌 되었든 수업에 방해가 된 것은 맞으니까. 선생님은 마치 네가 잘못이 없다고 말하는 것처럼 들렸을 거야. **잘못이 크든 작든 인정하는 태도가 중요하단다.**

잘못을 똑똑하게 인정하는 법

친구도 재미있어할 거라고 생각하고 장난을 쳤는데 "그만해!"라고 화를 낸다면 어떻게 해야 할까?

① 나의 의도를 말해 주자

화를 내는 친구를 깎아내리는 대신 너의 의도를 솔직하게 말해 봐. 친구에게 생긴 오해를 풀어 주는 거야. 이때는 "왜 그래?", "아닌데?" 등처럼 말끝을 올리지 말고 말하는 게 중요해. 같은 말이라도 말끝을 올리면 화를 내는 듯하거나, 이해할 수 없다는 듯이 들릴 수 있거든.

❷ 빠르고 솔직하게 인정하자

너의 의도와 상관없이 친구가 기분이 나빴다는 사실을 그대로 받아들여야 해. 빠르게 인정하고 솔직하게 마음을 전할수록 좋아.

❸ 먼저 사과하자

친구가 먼저 시작한 장난이었다고 하더라도 네가 먼저 사과해 봐. 자존심을 세울 필요 없어. 먼저 사과하고 마음이 편해지는 사람이 진짜 똑똑한 사람이야. 말투와 빠르기, 억양에 신경 쓰며 말해 봐.

대화의 시작은 다정한 분위기로!

　석유 회사를 운영하던 존 록펠러 2세는 광부들과의 갈등을 무려 2년이나 겪었어. 광부들은 회사를 박차고 나와서 월급을 올려 달라고 시위를 벌였지. 이 시위를 진압하기 위해 군대까지 동원될 정도로 갈등은 거세고 사나웠단다. 그런데 놀랍게도 록펠러는 다음과 같은 연설 하나로 이 싸움을 끝냈어.

　"저는 오늘 훌륭한 광부님들 앞에 서게 되어, 무척 영광스럽습니다. 저는 여러분의 집을 방문했습니다. 여러분의 아내분들과 자녀들도 만났습니다. 그러니 우리는 모르는 사람으로 만난 게 아니라 친구로 만난 셈입니다. 우리는 적이 아닙니다. 회사를 발전시켜 잘 살아 보자는 같은 목표를 지니고 있습니다. 둘 다가 만족할 수 있는 해결책을 찾았으면 합니다."

부드럽고 다정한 분위기 속에서 우리는 같은 편임을 강조했지. 만약 록펠러가 광부들을 적으로 여기며 틀렸음을 증명하려 들었다면 어떤 일이 벌어졌을까? 광부들이 순순히 틀렸다고 인정했을까? 아마 더 많은 분노, 혐오, 폭동이 일어났을지도 몰라.

❋❋❋

아파트 임대 기간이 끝나가던 청년은 임대료가 조금만 더 싸다면 오래 살고 싶었어. 하지만 집 주인은 냉정하다고 소문이 난 사람이었지. 같은 아파트에 사는 이웃들이 임대료를 깎으려고 시도해 봤지만 절대 깎아 주지 않았다고 했어.

청년이 아파트에서 나가야 할 날이 얼마 남지 않은 날이었어. 집 주인이 아파트를 찾아왔지. 청년은 상냥하게 집 주인을 맞이하고 아파트가 정말로 마음에 든다고 진심을 담아서 말했어. 임대료 이야기는 입 밖에도 꺼내지 않았지. 집 주인이 건물을 운영하는 방식도 칭찬한 다음, 사정만 된다면 1년을 더 있고 싶을 정도라고 덧붙였을 뿐이야. 집 주인은 깜짝 놀라는 듯했어.

"집을 빌려 준 모든 사람들은 불평만 하더군요. 윗집 사람의 코 고는 소리가 집에서 다 들린다며, 그 사람의 코를 막지 못하면 임대 계약을 깨겠다고 협박하는 사람도 있었어요."

그러더니 자신이 내준 방에 청년처럼 만족하는 사람은 처음 본다면서, 임대료를 조금 깎아 줄 테니 더 살 생각이 없냐고 물었어. 게다가 "수리가 필요한 부분이 있으면 제가 해 드릴게요"라고 자처하기도 했지.

해와 바람에 대한 우화를 들어 본 적이 있을 거야. 해와 바람이 누가 더 강한지 알아보기 위해, 지나가는 노인의 코트를 빨리 벗기는 내기를 한 이야기 말이야.

먼저 바람이 나와 세차게 입김을 불어 태풍을 만들어 냈어. 몹시 추워진 노인은 있는 힘껏 코트를 꽉 움켜쥐었어. 결국 바람은 포기했어. 이번에는 해의 차례였어. 해는 미소를 짓더니 따스한 볕을 노인에게 내리쬐었어. 얼마 지나지 않아 노인은 날씨가 덥다면서 웃으며 스스로 코트를 벗었어.

잊지 마. 상대를 움직일 수 있는 것은 언제나 상냥한 마음이란다.

친구를 내 편으로 만드는 법 4

대화는 다정하게 시작하자.

카네기 할아버지의 조언

 의견이 다르면 공격적으로 쏘아붙이는 친구가 있어. 그 친구와 대화를 한다면 어떻게 말하고 싶을까?

 절대 지지 않는다는 생각으로 대화할 것 같아요.

 반대로 누구와도 싸우지 않는 친절한 친구가 있어. 다른 의견도 받아들이고, 서로 양보를 하자고 다정하게 말해. 어떤 친구의 의견이 더 설득력 있게 들릴까?

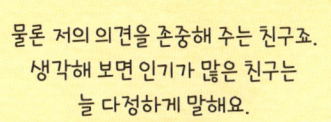
물론 저의 의견을 존중해 주는 친구죠. 생각해 보면 인기가 많은 친구는 늘 다정하게 말해요.

오늘부터 너도 따스한 햇님과 같은 친구가 되는 연습을 해 보면 어떨까?

갈등 상황에서 분위기를 바꾸는 법

❶ 공통점부터 이야기하자

다른 점을 먼저 말하면 거리감이 느껴져서 상대의 의견에 동의하기가 힘들어. 서로의 의견이 지닌 공통점을 찾아 이야기하면서 서로가 완전히 다른 편이 아님을 보여 주는 게 좋단다.

❷ 불평하지 말고 칭찬하자

벌어진 상황이 친구의 잘못으로 인한 것이라고 해도 불평하거나 탓하지 말아야 해. 차라리 칭찬할 거리를 찾아서 말하는 게 상황을 바꾸는 데 더 좋은 방법이야.

❸ 상냥하게 말하자

쉽지 않은 일이지만 친절하게 말할수록 친구의 마음을 움직이기가 쉬워. 짜증이 난 사람을 보면 나를 탓하는 게 아닌데도 덩달아 기분이 나빠지곤 하잖아. 말투에 신경 써서 말해 보자.

❹ 표정과 몸짓을 조심하자

말로는 상냥하게 한다고 해도 표정이 그렇지 않다면 진심으로 느껴지지 않을 거야. 인상을 쓰거나 손가락질을 하는 등의 비언어적인 표현에 주의하자.

친구가 "응, 맞아!"라고 말하게 만들어야 해

깐깐한 부인이 은행에 갔을 때였어. 계좌를 만들려면 다양한 개인정보가 필요하지. 그런데 부인은 은행원이 빈칸을 채워 달라고 할 때마다 굳이 왜 적어야 하냐며 꼬치꼬치 캐물었단다. 은행원은 슬슬 인내심에 한계가 왔어. 똑같이 짜증을 부리고 싶었지만 꾹 참고 생각했어. 깐깐한 부인이 "네, 그렇게 하죠!"라며 자기 말에 동의할 수 있는 질문을 생각해 내기로 한 거지.

은행원 ▶ 만약 갑자기 사고로 고객님이 돌아가셨을 때, 은행에 고객님의 돈이 있다고 생각해 보세요. 은행이 고객님의 가족이나 친척에게라도 돈을 돌려 드릴 수 있어야 하지 않을까요?

부인 ▶ 네, 그래야죠.

은행원 그럼, 이 칸에 고객님의 가까운 가족이나 친척 정보도 적어 주시는 게 어떨까요? 혹시나 고객님께 무슨 일이 생겼을 때 저희가 바로 돈을 보내드릴 수 있게 말이죠.

부인 물론이죠. 알겠어요.

부인의 태도는 한껏 누그러졌단다. 은행이 정보를 요구하는 이유가 바로 자신을 위해서라는 것을 알게 된 거지.

❋ ❋ ❋

모터를 만드는 회사의 영업사원인 피터는 어느 날 몇 개의 모터를 사간 사장으로부터 연락을 받았어. 모터가 너무 뜨거워서 더 이상 쓸 수가 없다는 거였지. 진실과 거짓을 가려 봤자 소용이 없다는 걸 알았던 피터는 차라리 질문을 하기로 했어.

피터 당연히 더는 사지 마셔야죠. 미국 전기제조업협회에서 정한 기준보다 뜨거워지는 모터를 사면 안 되겠죠?

사장 그렇죠.

피터 미국 전기제조업협회 규정에 따르면 모터는 실온보다 40도 이상 뜨거워지면 안 되죠, 맞나요?

3장 ◆ 친구를 내 편으로 만드는 법

사장 네, 하지만 당신네 모터는 훨씬 뜨거워요.

피터 공장의 온도는 얼마나 되죠?

사장 24도 정도입니다.

피터 그러면 실온이 24도이고 거기에 40도를 더하면 64도 군요. 64도의 뜨거운 물이 나오는 수도꼭지에 손이 닿으면 손을 데지 않겠습니까?

사장 네.

피터 그러면 그 모터에 손이 닿지 않는 게 좋지 않을까요?

사장 그래요, 듣고 보니 당신 말이 옳군요.

사소한 몇 마디를 더 주고받은 후 사장은 어마어마한 금액의 주문을 더 넣었지. "아니요"라는 대답은 넘기 매우 힘든 장애물과 같아. 어떤 사람이 "아니요"라고 말하는 순간 그의 자존심은 계속 같은 방향의 말을 하도록 지시하기 때문이지. 따라서 처음부터 친구가 긍정적인 대답을 하도록 만드는 것이 중요해.

> **친구를 내 편으로 만드는 법 5**
>
> 친구가 "응, 맞아!"라고 말하게 만들자.

카네기 할아버지의 조언

 제 친구는 진짜 고집이 세요. 세상이 두 쪽 나도 끝까지 자기가 맞다고 우긴다니까요.

 사람의 말은 산에서 굴러가는 공과 같아. 한 번 굴러간 공의 방향을 바꾸려면 건드렸을 때보다 더 큰 힘이 필요하지. **사람이 내뱉는 말도 처음에 방향이 정해지면 돌려놓기가 아주 힘든 법이라서 그래.**

자존심 때문에 내가 한 말을 뒤집는 게 쉽지 않거든. 그럴 땐 친구가 "아니"라는 대답이 아니라 "응"이라고 할 수 있는 질문을 하는 영리함이 필요해.

끄덕끄덕

3장 ◆ 친구를 내 편으로 만드는 법

친구에게서 긍정적인 대답을 듣는 법

쉬는 시간, 학교 복도에서 어떤 친구가 너를 밀치고 지나갔어. 기분이 너무 나빴는데, 어떻게 말해야 할까?

❶ 지적하거나 잘잘못을 따지지 말자

잘못을 직접적으로 지적하면 네 기분은 좋을지도 몰라. 당장 화가 나는 마음은 풀리니까. 하지만 친구의 진심 어린 사과를 받아내기는 무척 어려울 거야. 친구가 왜 그랬을지 생각해 보면 일부러 그러지 않았을 거라는 결론에 이를 수도 있어.

❷ 친구가 "그래", "맞아", "응"이라고 말하게 만들자

친구에게 반발심이 생기지 않게 말해야 해. 우리는 소중한 몸이고 모두 다치지 않으려면 조심해야 한다고 말해 보자. 친구가 "응", "그건 그렇지"라고 말할 수 있게 만들면 이미 성공한 셈이야.

❸ 기분을 부드럽게 표현하자

친구에게서 "응", "그래"라는 대답을 들었다면 불편했던 네 감정을 부드럽지만 정확하게 표현할 차례야. 절대 비꼬거나 면박을 주는 말투를 사용해서는 안 돼.

✨ 친구가 말을 더 많이 하도록 해야 해 ✨

한 전기 회사에서 어느 농부 마을에 전기를 팔고 싶었어. 그런데 그 마을 사람들은 지독히도 지갑을 열지 않는 것으로 유명했지. 더군다나 그 전기 회사를 싫어하기까지 했어.

이전에도 많은 전기 회사 직원들이 다녀갔지만, 전부 말도 꺼내지도 못하고 문 앞에서 쫓겨났어.

그러다 조셉 웹이라는 회사원이 용기 내어 그 마을에 있는 어느 집의 문을 두드렸어. 머리가 새하얀 할머니가 빼꼼 문을 열었지. 할머니는 조셉을 곁눈질로 보더니 이렇게 말했어.

할머니 전기 회사에서 나왔어요? 안 산다고요! 내가 전기가 필요한 일이 생겨도 그쪽 회사에서는 안 살 거요! 거긴 다른 곳에 비해 너무 비싸고 불친절하다고요!

순간 조셉은 회사의 장점을 설명하고 싶었지만 꾹 참았어. 그리고 할머니의 마당에 보였던 수많은 닭을 떠올렸지. 분명 할머니가 관심 있는 주제일 테니까.

조셉 할머니, 저는 전기를 팔러 온 게 아니에요. 할머니의 달걀을 사러 왔답니다!

그러자 할머니는 문을 조금 더 열어 줬어. 하지만 의심의 눈초리는 거두지 않았지.

조셉 할머니는 도미니크 종의 훌륭한 닭을 키우시네요! 달걀 열 개만 살 수 있나요? 제가 이전에 닭을 키운 적이 있어서 좋은 닭은 알아보거든요. 할머니네 닭은 정말 훌륭하네요!

칭찬을 들은 할머니는 신이 나서 닭에 관해 이야기했어. 어느새 할머니의 말투는 부드럽게 바뀌어 있었지. 조셉은 할머니의 이야기를 열심히 들어 주고 진심으로 칭찬했어. 마침내 할머니는 문을 열고 양계장까지 구경시켜 줬지.

3장 • 친구를 내 편으로 만드는 법

`할머니` 저게 사료통이고, 나는 최고급 닭 모이밖에 안 쓴다네! 저기는 닭들 집인데, 전등을 달아야 하나 고민이야. 전등을 달았더니 닭들이 더 많은 달걀을 낳았다고 옆집이 그랬거든.

할머니의 말을 듣고 있던 조셉은 드디어 기회를 포착했어.

`조셉` 맞아요, 전구가 있으면 더 훌륭한 달걀을 많이 낳죠! 제가 회사에 말해서 전기를 싸게 드리도록 해 볼까요? 물론 특별히 신경 써서 친절하게 해 달라고 부탁할게요.

할머니가 자신의 이야기를 많이 할 수 있게 만든 조셉은 결국 어떻게 되었을까? 맞아, 조셉은 회사에서 최초로 그 마을에 전기를 팔았고 큰 상까지 받게 되었어.

친구를 내 편으로 만드는 법 6

친구가 이야기를 더 많이 하게 만들어.

카네기 할아버지의 조언

 할아버지, 제가 하고 싶은 말이 있어서 더 많이 하는 것도 안 돼요?

 물론 괜찮아. 하지만 진정한 친구를 사귀고 싶다면 친구에게 자기 이야기를 할 기회를 많이 주는 것이 좋단다. **네가 친구에게 진짜 관심이 많다는 것을 보여 주는 방법이기 때문이야.**

전 하고 싶은 말이 너~무 많은데요?

그래, 그래. 그런데 네 마음과 상대방도 똑같을지도 몰라. 친구에게 말할 수 있는 기회를 선물해 주렴.

친구의 마음을 활짝 여는 방법

함께 있는 시간이 편안할 때 하고 싶은 말이 더 많아지는 법이야. 여기서는 친구가 너에게 마음을 활짝 열게 하는 방법을 소개할게.

❶ 나를 낮추고 친구를 높이자

모둠 발표를 어떻게 할지 모둠원들과 상의하는 시간이라고 해 보자. 이때 친구가 의견을 제시했고, 괜찮은 의견이라면 너를 낮추면서 말하는 거야. 그런다고 네가 정말 그 친구보다 못한 사람이 되는 게 아니니까 걱정 마. 오히려 그 친구와 다른 친구들은 너를 똑똑한 사람이라고 느낄 거야. "방금 내 의견보다 네가 말한 의견이 정말 좋은 것 같아!"라고 말해 보자.

❷ 나보다 친구가 더 많이 이야기하도록 하자

그러고 나서는 "그 의견에 대해 조금 더 자세하게 설명해 줄 수 있어?"라고 말해 보는 거야. 그럼 친구는 기분이 좋아져서 자신 있게 생각을 구체적으로 말하게 될 거야.

✨ 친구가 너의 의견을 스스로 선택하게 만들어 봐 ✨

유진 웨슨이라는 패션 디자이너가 있었어. 자신이 만든 디자인을 스타일리스트에게 파는 일을 했지. 유진 웨슨은 최선을 다해 창의적이고 아름다운 디자인을 완성했어. 하지만 여러 스타일리스트들을 만나도 한 점도 작품을 팔지 못했단다. 무려 150번이나 시도했는데 말이야.

　유진 웨슨은 스타일리스트들이 원하는 것이 무엇이었을까 생각해 봤어. 그리고 방법을 바꿨지. 디자인을 덜 완성한 채로 스타일리스트를 찾아간 거야!

유진 웨슨 이 옷의 디자인을 어떻게 마무리하면 좋을까요? 스타일리스트 님께서 조언을 해 주시면 좋겠습니다.

> **스타일리스트** 여기 두고 가세요. 천천히 살펴보고 말씀드릴게요. 3일 뒤에 만나죠.

약속한 3일 뒤, 유진 웨슨은 스타일리스트를 다시 찾아갔어. 그리고 그가 말한 것을 디자인에 포함시켰지. 그러자 스타일리스트는 웨슨의 작품을 사 갔단다. 그때 유진 웨슨은 깨달았어.

'아무리 내 입장에서 좋은 점을 설명해 봤자, 상대방이 내키지 않으면 사지 않아. 필요한 것이 있으면 굳이 힘들게 설명하지 않아도 알아서 사 가는군.'

❀ ❀ ❀

어느 자동차 딜러는 구두쇠 고객으로 골머리를 앓고 있었어. 여러 대의 차를 보여 줬지만 항상 무언가 마음에 안 드는 구석이 있었지. 이 차는 자기에게 어울리지 않고, 저 차는 상태가 좋지 않고, 가격은 늘 너무 비싸다고 했어.

고민 끝에 딜러는 다른 방법을 시도해 보기로 했어. 마침 어느 다른 고객이 쓰던 차를 팔고 새 차를 사려고 했는데, 이 중고차가 구두쇠 고객의 마음에 들 것 같다는 생각이 들었거든.

딜러는 구두쇠 고객에게 전화를 걸어 이렇게 말했어.

"고객님은 물건을 잘 알아보시잖아요. 이 차를 한번 살펴보시고, 또 운전해 보신 다음, 제가 이 차에 얼마나 보상해 줘야 하는지 말씀해 주시겠어요?"

구두쇠 고객은 만면에 커다란 미소를 지으며 딜러를 찾아왔어. 그리고 시험삼아 차를 몰아 본 뒤 딜러에게 충고했지. "3백 달러를 주고 차를 사신다면 잘 사는 겁니다." 이에 딜러는 물었어. "제가 그 가격으로 물건을 산다면 고객님이 그 가격에 다시 구매하는 건 어떠실까요?"

구두쇠 고객은 이 차를 샀을까? 물론이지. 그건 자신의 생각이고 평가였으니까.

누구도 강제로 물건을 사고 싶어 하지 않고, 누구나 명령을 받기 싫어한단다. 또 다른 사람이 강요하는 생각보다 스스로 발견한 생각을 더 믿기 마련이야. 자기가 생각해서 결정한 일이라고 만드는 게 중요한 이유야.

> **친구를 내 편으로 만드는 법 7**
> 너의 생각을 원래 자기가 했던 거라고
> 느끼게 만들어야 해.

카네기 할아버지의 조언

 엄마가 책 좀 읽으라고 하면 책 읽기가 싫어요. 평소에는 책 읽기를 좋아하는데, 왜 그런 마음이 드는 걸까요?

 똑같은 일도 누가 시켜서 억지로 하면 하기 싫어지는 게 사람 마음이란다. **일방적으로 강요하는 태도는 반발심을 불러일으킬 뿐이지.** 아무리 좋은 의견이라고 해도 말이야. 만약 엄마가 이렇게 말했다면 어땠을까?

이거 요즘 초등학생들에게 인기가 많아서 구하기 어려운 책이래!

정말요? 저 보고 싶어요.

3장 ◆ 친구를 내 편으로 만드는 법

친구가 내 의견에 동의하게 만드는 법

너는 술래잡기를 그만하고 자전거를 타고 싶어. 그런데 친구는 계속 술래잡기를 하고 싶대. 어떻게 말해야 할까?

❶ 화를 내지 말고 말하자

너의 마음과 다른 친구를 보면서 속이 상할 수도 있어. 하지만 그 감정을 그대로 드러내서는 곤란해. 친구의 마음마저 상해서 네가 원하는 대로 이끌기가 힘들거든.

❷ 친구의 입장에서 생각해 보자

친구에게 필요한 것은 무엇일지, 어떤 감정을 느끼고 있을지 생각해 보는 거야. 술래잡기가 너무 재미있지만 목이 마를 수도 있고, 화장실에 가고 싶을 수도 있어.

❸ 친구가 혹할 만한 제안을 하자

자전거를 타고 싶은 너의 마음을 친구가 원하는 것과 연결시켜서 말해 봐. 자전거를 타고 편의점에 물을 사러 가자던지, 잠깐 시원한 바람을 쐬자고 말이야!

진심으로 친구의 입장에서 생각해 봐

나는 집 근처에 있는 숲이 울창한 공원을 걷는 걸 좋아한단다. 몇백 년 동안 자란 나무들이 있는 아름다운 공원이지. 그런데 몇몇 아이들이 그 공원에 와서 불을 피우는 게 아니냐? 나무 아래에서 소시지나 달걀을 구워 먹으려고 말이지.

"네 이놈들! 당장 불을 끄지 못해? 썩 나가! 이렇게 불장난하다가 너희 감옥에 갈지도 몰라!"

나의 호통에 아이들은 볼멘소리로 투덜거리며 불을 끄고 달아났어. 그런데 그 후에 공원 한구석에 숨어서 불을 피우는 아이들을 또 발견했지.

이제는 화를 내 봤자 별로 효과가 없는 것 같다는 생각이 들었어. 그래서 아이들의 마음을 움직일 방법이 뭐가 있을지 고민

했어. 그리고 이렇게 말했지.

"애들아, 재미있니? 경치 좋은 곳에서 맛있는 소시지를 구워 먹고 싶었구나! 할아버지도 어릴 때 친구들과 불을 피우며 캠핑 온 기분을 내고 싶었던 적이 있어.

하지만 이 공원은 보다시피 나무가 아주 많아. 아주 작은 불씨도 마른 나뭇잎에 옮겨지기 쉽지. 그럼 이 많은 나무가 순식간에 다 타버리게 될 거야. 공원에 불이 나면 안타깝지만 너희가 감옥에 갈지도 몰라. 그럼 억울하지 않겠니?

그래서 말인데, 불을 피우고 싶으면 저기 모래사장에서 하면 어떨까? 거긴 전혀 위험하지 않거든."

더 좋은 장소를 알게 된 아이들은 더는 나무가 많은 공원에서 불을 피우지 않더구나. 아이들은 억울해하지도 않았고 나를 미워하지도 않았어. 나 역시 체면을 잃지 않을 수 있었지. 아이들의 관점으로 상황을 해결했기 때문이야.

❀❀❀

바보는 눈에 보이는 것만으로 상대를 비난하지만, 현명한 사람은 행동 뒤에 숨겨진 진짜 이유를 본단다. 어떻게 보냐고? 바로 그 친구의 입장이 되어 보는 거지.

'내가 저 친구였으면 기분이 어땠을까?'

'내가 저 친구라고 생각해 보자. 왜 그렇게 행동했을까?'

이처럼 친구의 관점에서 상황을 보면 문제를 해결하는 열쇠를 찾을 수 있을거야. 누구나 어떤 생각을 하고 어떤 행동을 하는 데는 다 이유가 있기 마련이니까.

친구를 내 편으로 만드는 법 8

진심으로 친구의 입장에서
생각해 보려고 애써 봐.

카네기 할아버지의 조언

 정말 이해할 수 없는 친구가 있어요! 예성이는 맨날 9시가 훨씬 넘어서 수업 중에 드르륵 문을 열고 교실에 와요. 게다가 늘 머리는 까치집이고 눈곱까지 껴 있다니까요.

 **누군가가 그렇게 생각하고 행동하는 데에는 다 이유가 있는 법이란다.** 너는 몰랐겠지만 예성이는 엄마가 일찍 출근하셔서 혼자 일어나야 한다고 해. 예성이와 같은 상황이라면 충분히 그럴 수 있는 일인 거지. 이제는 예성이를 보는 시선이 좀 달라지지 않니?

걔는 맨날 지각하고 지저분해서 정말 싫어요!

누구나 그럴 수밖에 없는 이유가 다 있는 법이란다.

친구의 입장을 이해하는 말하기

쉬는 시간마다 보드게임을 하는 친구들 때문에 시끄럽다면 어떻게 말해야 할까?

❶ 명령하듯 말해서는 안 돼
명령하는 말은 선생님이나 부모님과 같은 어른들이 아랫사람에게 쓰는 말이야. 명령하는 듯한 말을 들으면 친구의 기분이 상할 수밖에 없어.

❷ 입장을 바꿔 놓고 생각해 보자
교실은 혼자서 쓰는 공간이 아니야. 친구들이 함께 쓰는 공간이기에 서로서로 조금씩 양보를 해야 사이좋게 지낼 수 있어. 쉬는 시간에 놀고 싶은 친구의 마음도 헤아려 보는 게 좋아.

❸ 대안을 제시하자
무엇을 하지 말라고 하거나, 못하게 하면 반발심이 생기기 쉬워. 너의 의견에 따르게 만들려면 보드게임을 즐길 수 있는 다른 방법을 제시해 보는 게 어떨까?

3장 ◆ 친구를 내 편으로 만드는 법

마음을 움직이는 방법은 공감뿐이야

내가 라디오 생방송에 나가게 되었을 때야. 『작은 아씨들』이라는 유명 소설을 쓴 작가에 대해 이야기하는 자리였지. 나는 『작은 아씨들』 작가님이 매사추세츠주 출신이라는 걸 알고 있었어. 그런데 그만 실수로 뉴햄프셔주 출신이라고 말하고 말았지. 그것도 두 번이나 말이야.

내 실수를 지적하는 수많은 편지가 내게 날아들었어. 그중 한 여성의 편지는 굉장히 공격적이었단다. 편지를 읽은 나는 너무나 불쾌했지. 나는 바로 답장을 보내 맞받아치고 싶었단다.

그러나 나는 진흙탕 싸움에서 함께 나뒹구는 바보가 되고 싶지 않았어. 이 싸움을 지혜롭게 멈춰서 나를 깨끗이 지키고 싶었지.

그래서 그녀의 입장에서 생각해 봤어. 왜 이렇게 심한 표현을 썼을까? 어떤 말을 들어야 화가 누그러질까? 자신의 행동에 오히려 미안해지려면 어떻게 해야 할까? 생각 끝에 나는 그녀에게 전화를 걸었단다.

카네기 여보세요? 안녕하세요. 저는 데일 카네기입니다. 다름이 아니라, 몇 주 전 제게 편지를 보내신 것에 대해 감사를 전하려고 이렇게 전화를 드렸습니다. 제가 라디오 생방송에서 『작은 아씨들』 작가님이 뉴햄프셔주 출신이라는 바보 같은 말을 했죠. 편지를 보내 제 실수를 알려 주셔서 감사합니다.

여성 아, 아니에요. 이렇게 훌륭한 분이신 줄 모르고……. 제가 오해를 했습니다. 무례한 편지를 써서 죄송합니다.

카네기 제가 더 죄송합니다. 생방송 발언은 조심했어야 했는데……. 정말 바보 같았어요. 개인적으로 꼭 직접 사과를 드리고 싶었습니다.

여성 사실 전 매사추세츠주에서 태어났어요. 그리고 저희 집안은 200년 넘게 매사추세츠주를 위해 일하고 있죠. 저는 제가 태어난 이곳을 굉장히 자랑스럽게 생각해요. 그래서 카네기 씨가 뉴햄프셔주라고 말하는 순간, 너무 실망스러웠습니다. 하지만 지금은 그런 편지를 보낸 게 더 부끄럽네요.

나는 실수를 사과하고 그 여성에게 공감해 주는 방법을 택했던 거야. 사람은 누구나 마음속으로 공감받기를 원하고 있단다. 공감은 아무리 화가 난 사람의 마음도 사르르 녹여 주는 마법과 같은 힘을 지니고 있지.

친구들에게 인기가 많은 사람이 되고 싶어? 그렇다면 이렇게 말하는 것을 연습해 봐. "그렇게 생각하는 게 당연해. 내가 너였다고 해도 틀림없이 그랬을 거야."

친구를 내 편으로 만드는 법 9

친구의 생각과 마음에 공감하자.

카네기 할아버지의 조언

우리 반이 1반이랑 이어달리기를 했어요. 우리가 이기고 있었는데 민성이가 넘어져서 졌어요. 애들이 "거기서 넘어지면 어떡해!"라고만 했는데 민성이가 화를 내고 울지 뭐예요.

네가 민성이었다면 달리기 전에 어떤 마음이었을까? 잘 달리고 싶었을 거야. 그런데 뜻하지 않게 넘어져 반이 지게 되어 무척 속상했을 거고. 그런데 친구들이 비난까지 한다면 일부러 그런 것도 아닌데 억울하고 서운하지 않을까?

친구의 마음에 공감한다는 건 바로 이런 거야. 친구의 입장에서 생각해 보는 것!

아하!

3장 ♦ 친구를 내 편으로 만드는 법

친구의 생각에 공감하는 법

친구가 떡볶이가 맵다며 불편한 표정을 지었어. 그런데 네가 먹어 보니 하나도 맵지 않고 정말 맛있었어. 이럴 땐 어떻게 말해야 할까? 무조건 친구의 말에 맞장구를 쳐야 할까?

❶ '공감'은 의견이 같은 것을 뜻하지 않아

너의 생각은 다르더라도 친구의 마음을 이해해 주고 "그랬을 수도 있겠다"라고 표현하는 게 바로 공감이야.

❷ 이해하지 못해도 인정해 줄 수는 있어

친구가 왜 그렇게 매워하는지 이해할 수 없을 수도 있겠지. 하지만 친구가 떡볶이를 매워한다는 것은 인정해 줄 수 있는 거야. 그건 사실이니까.

❸ 나라면 친구가 어떻게 말할 때 기분이 좋을까?

만약 나라면 친구에게 어떤 말을 기대할지 상상해 봐. 다음에는 맵지 않은 간식을 먹으러 가자고 제안할 수도 있어.

친구의 마음속 천사를 깨워 보자

영국의 어느 신문사에서 한 언론인에 관한 기사를 준비하고 있었어. 그런데 그 언론인은 자기 사진만은 신문에 실리지 않길 원했지. 대중들에게 얼굴을 공개하기 싫었거든.

그가 "제 사진은 넣지 마세요. 전 그런 거 싫어해요"라고 말했을까? 아니야. 그는 신문사 편집인을 원하는 대로 이끌기 위해 편집인의 마음속 작은 천사를 깨워 보기로 했어.

"제 사진을 신문에 싣지 않으시면 안 될까요? 어머니께서 제 얼굴이 나오는 것을 굉장히 속상해하시거든요."

우리는 누구나 부모님을 소중히 여기는 마음이 있어. 같은 이유라도 "난 싫어!"보다 "엄마가 속상해하셔서 안 될 것 같아"라는 말은 마음속 작은 천사를 자극해서 무엇이라도 들어 주고 싶게 만드는 법이지.

 비슷하지만 조금 다른 예도 있어. 어느 유명한 연예인이 있었는데, 신문기자들이 자기 아이들의 사진을 찍어대는 게 마음에 들지 않았어.

 그 연예인은 신문기자들에게 "제발 사진 좀 찍지 마세요"라고 말했을까? 아니야. 우리 모두가 알고 있는 어린아이는 약하기 때문에 보호해 줘야 한다는 마음을 일깨웠어.

 "여러분 중에도 몇몇 분은 아이가 있을 겁니다. 아이가 없더라도 아마 잘 아실 겁니다. 지나치게 많은 언론의 주목을 받는 게 아이들에게 좋을 리가 없다는 것을요."

❀❀❀

 한 가난한 청년이 잡지 회사를 차렸을 때였어. 잡지를 만들려면 글을 잘 쓰는 작가들에게 다양한 원고를 사 와야 했지. 그런데 사업을 막 시작한 청년은 돈이 부족했어.

 '어떻게 하면 적은 돈을 내고도 훌륭한 작가의 글을 받아올 수 있을까?'라고 고민하던 청년은 작가들 마음속 선한 천사를 깨워 보기로 결심했단다.

 "원고 좀 부탁드립니다. 원고료는 자선 단체에 작가님의 이름으로 100달러를 기부하는 걸로 하면 어떨까요? 자선 단체에 작가님의 선행이 오래 남겨지도록 말이죠!"

청년은 이 말 한마디로 유명한 소설인 『작은 아씨들』을 쓴 루이자 메이 올컷의 글까지 받아올 수 있었어.

사람은 누군가가 자신을 믿어 줄 때, 그 선한 기대를 지키고 싶은 마음이 있단다. 나를 믿어 주는 사람을 실망시키고 싶지 않기 때문이야.

친구를 내 편으로 만드는 법 10

친구의 착한 마음을 일깨워 보자.

카네기 할아버지의 조언

에이~ 할아버지, 세상에는 마음속에 천사가 아예 없는 사람도 있다고요. 아무리 믿어 줘도 끝까지 배신하는 사람도 있잖아요!

물론 그럴 수도 있지. 하지만 그들은 아주 적은 숫자일 뿐이야. **내 눈에 정말 나쁘게 보이는 사람들도 실은 마음속에 천사가 곤히 자고 있는 경우가 많단다.** 몇 안 되는 경우가 두려워서 천사를 깨울 기회를 놓친다면 그게 더 안타까운 일이 아닐까? 일단 시도는 해 보는 거야!

제가 싫어하는 그 애도 착한 마음이 있을까요?

물론이지. 친구의 마음속 천사를 깨워 봐.

친구의 착한 마음을 일깨우는 연습

어떻게 하면 친구의 마음속에 잠들어 있는 착한 마음을 일깨울 수 있을까? 여기서 차근차근 배워 보자.

❶ 친구를 편견 없이 바라보자

"걔는 말썽꾸러기야", "쟤는 못됐어"라면서 친구를 단정 지으면 친구 사이는 절대 좋아질 수 없어. 사람은 누구나 실수할 수 있어. 한 번의 실수로 친구를 평가하거나, 전해 들은 소문으로 친구의 성격을 단정 짓지 말아야 해. 겪어 보지 않으면 모르는 법이니까. 친구를 편견 없이 바라보는 연습을 해 보자.

❷ 친구의 좋은 의도를 파악하자

장난꾸러기 친구가 상대를 기분 나쁘게 하려고 장난을 치는 걸까? 웃고 싶고 즐겁고 싶어서 장난을 치는 걸 거야. 문제 상황을 해결해야 할 때 친구의 착한 마음을 잘 바라봐 주자. 설사 친구가 그런 의도가 전혀 없었더라도 말로 표현해 주면 '아차' 하면서 행동이 변하게 될 거야.

열 살에 시작하는
데일 카네기 인간관계론

1판 1쇄 발행 2025년 7월 17일
1판 6쇄 발행 2025년 11월 20일

글 박소윤, 이주희
그림 차상미
발행인 박명곤 **CEO** 박지성 **CFO** 김영은
기획편집1팀 채대광, 백환희, 이상지, 김진호
기획편집2팀 박일귀, 이은빈, 강민형, 김유선, 박고은
기획편집3팀 이승미, 김윤아, 이지은
디자인팀 구경표, 유채민, 윤신혜, 권지혜
마케팅팀 임우열, 김은지, 전상미, 이호, 최고은

펴낸곳 (주)현대지성
출판등록 제406-2014-000124호
전화 070-7791-2136 **팩스** 0303-3444-2136
주소 서울시 강서구 마곡중앙6로 40, 장흥빌딩 10층
홈페이지 www.hdjisung.com **이메일** support@hdjisung.com
제작처 영신사

ⓒ 박소윤, 이주희 2025

※ 지성주니어는 현대지성의 어린이 브랜드입니다.
※ 이 책은 저작권법에 따라 보호받는 저작물이므로 무단 전재와 복제를 금합니다.
※ 잘못 만들어진 책은 구입하신 서점에서 교환해 드립니다.

"Curious and Creative people make Inspiring Contents"

현대지성은 여러분의 의견 하나하나를 소중히 받고 있습니다.
원고 투고, 오탈자 제보, 제휴 제안은 support@hdjisung.com으로 보내 주세요.

현대지성 홈페이지

이 책을 만든 사람들
기획·편집 이승미 **디자인** 윤신혜